From the Kingdom of Belgium

ベルギーパティシエが
ていねいに教える

とっておきの ごほうびスイーツ

Les sens ciel

レソンシエル

KADOKAWA

Introduction

いつもYouTubeを見ていただいている方も、はじめましての方もこんにちは。

ベルギーでパティシエをしているレソンシエル(Les sens ciel)と申します。YouTubeにお菓子づくりの動画を投稿し始めたのをきっかけに、気づけば多くのフォロワーさんに支えられ、このたび出版のチャンスをいただくことになりました。

僕の名前、Les sens cielは、直訳すると「空の香り」という意味です。また、フランス語のl'essentiel(最も大切な、本質的な)と同音でもあります。空に漂うお菓子の香りのイメージ、そして「本質を大切にしながら、お菓子づくりをしていきたい」という思い——そんな意味を込め、ベルギー人の友人が名づけてくれたものです。

多くの同音異義語が存在しているフランス語圏の人々は、小学生の頃から授業で詩を読んだり、言葉遊びをしたりしている影響で韻を踏むのが大の得意。

そのおかげで、Les sens ciel を読むと、自然と同音異義語の l'essentiel も連想することができるそうです。

当初、僕はこの2つの言葉を並べて名前の由来をYouTube上でも説明しようとしていました。しかし、名づけ親のベルギー人に「想像する楽しみを奪ってはいけない。この2つの言葉を連想できたとき、僕たちは"粋"を感じることができるんだ！」と力説され、現在はLes sens cielの表記だけになっています。ベルギーならではの遊び心あるこの名を胸に、みなさんにお菓子づくりの楽しさをお届けできることをうれしく思います。

さて、本書で紹介するレシピは、僕が長年失敗したりくじけそうになったりしながら導き出した精鋭ばかりです。YouTubeで人気のレシピをよりつくりやすく改良したものも含め、「こうしたら失敗しないぞ！」というポイントをていねいに解説しています。

また、読んでいただくみなさんに四季の物語を感じていただきたいと思い、章立ては春夏秋冬に分けています。ぜひ季節のお菓子づくりを楽しんでみてください。

お菓子づくりの基本は、完璧にレシピを守ることにあります。基本がしっかりしていないとムースが固まらなかったり、生地が分離してしまったりと、なかなかうまくいきません。レシピの工程、そのすべてに意味がある——そう固く信じて少しめんどうでもしっかり手順を守っていただけると、ご自宅でもお店のようなおいしいケーキをつくることができると思います。

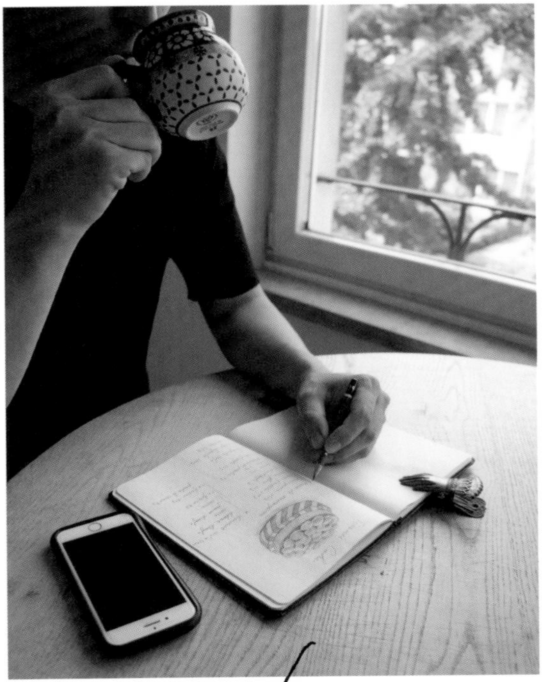

Lessons aïel

Contents

STAFF
撮影・イラスト／レソンシエル
カバー写真／Julie Grégoire
デザイン／塙 美奈、清水真子［ME&MIRACO］
DTP／山本秀一、山本深雪［G-clef］
校正／麦秋アートセンター
写真編集／酒井俊春［SHAKE PHOTOGRAPHIC］
英語監修／福井睦美
編集協力／宮本香菜

Chapter 3
深みのある秋のスイーツ { autumn }

Chapter 4
ぜいたくな冬のスイーツ { winter }

Chapter 5
二度目もおいしいスイーツ { reuse }

お菓子づくりの約束

お菓子づくりの前に、チェックしておくべき約束をまとめました。
始める前に目を通しておきましょう。

01

前もって準備をしておく

十分な材料があるかどうか、必要な道具がそろっているかどうかの確認など考えられる準備は前もって行いましょう。また、必要に応じて材料を計量しておくことも大切。本書では、材料の下に[準備]という項目を設けているのでぜひチェックしてください。

02

オーブンの予熱を忘れない

生地は時間の経過とともに気泡がなくなり、焼き上がりの食感にかかわるため、オーブンで焼くタイミングを逃すとプロの味には仕上がりません。本書では予熱のスイッチを入れるタイミングを記載しているので目安にしてみましょう。

03

分量に見合った容器で作業する

たとえば小さいボウルで混ぜている最中に中身があふれてしまったり、逆に容器が大きすぎてホイッパーがまんべんなくあたらなかったり…。いい状態でストレスなくお菓子づくりを進めるためには分量に見合った容器をチョイスすることも大切です。

04

作業スペースを確保し、必要な道具を確認する

十分な作業スペースがあるかどうかも大事なポイント。また、流れを頭の中でシミュレーションしておき、そのプロセスで必要な道具を使いやすいベストポジションに用意しておくこともスムーズに進行するコツです。慣れないうちは特に意識するようにしましょう。

05

何度もイメージトレーニングをする

お菓子づくりで特に大切なのは、温度とタイミング。「次はなんだっけ？」と手が止まると最適な状態や大切なタイミングを逃してしまいます。イメージトレーニングをすると自分がもたついてしまうポイントが見えてくるので未然に失敗を防ぐことができます。

この本の決まり

本書のお菓子づくりには決まりがあります。
よく読んでから作業をスタートしましょう。

■グラニュー糖について

・本書では基本的にグラニュー糖を使用しています（日本でよく見る上白糖はヨーロッパにはなく、洋菓子には基本的には使われません）。
・グラニュー糖の使用を推奨しますが、好みで砂糖の種類を変えてもOKです。三温糖やきび糖、黒糖など、好みでアレンジしてみてください。

■電子レンジについて

・機種やメーカーによっては電子レンジの加熱時間が異なることがあります。表示時間を目安に様子を見ながら調整してください。

■所要時間と作業マークについて

・材料の上に所要時間の目安を表示しているので、お菓子づくりの参考にしてください。
・時間が取られる作業をマークで表示しています。所要時間は、材料の計量から仕上げ前までの時間を想定しています。

→冷蔵庫マーク　→鍋マーク
→オーブンマーク　→フライパンマーク
→発酵マーク
→放置マーク

■その他

・卵はLサイズ（約60g）を使用しています。卵黄は1個約20g。卵白は1個約40gで計算しています。
・ゼラチンは粉ゼラチンを使用しています。

■生クリームのパーセンテージについて

・生クリームには乳脂肪分も表記していますが、35～40％で代用可能です。好みや手に入りやすいパーセンテージのものを使ってください。
・生クリームのパーセンテージは低ければさっぱりと、高ければ濃厚になります。

■チョコレートについて

・本書で使用しているチョコレートのカカオ濃度は、ミルクチョコレートが31％、ホワイトチョコレートが32％、ルビーチョコレートが47.3％、記載のないダークチョコレートは55％のものを使用しています。
・指定のカカオ濃度のチョコレートを使用することが好ましいですが、なければ記載の濃度よりも低いものを使用することをおすすめします（カカオ濃度が高いと口あたりがボソボソになる可能性があります）。

■生クリームの固さについて

・本書に頻出する7割だて生クリームは以下の写真の通りです。流れるけれど跡がほんのり残るくらいの7割だての生クリームがムースに使用するのにちょうどいい固さになります。
・デコレーションケーキに生クリームをぬる際は、10割だての生クリームだと固すぎてボソボソになり、不格好な見た目になってしまいます。生クリームは立ち始めると一気に固まります。7割程度までハンドミキサーで泡だて、あとは手でホイッパーを使い固さを調整するのが失敗しないコツです。

基本の道具

お菓子づくりを始める前に道具を準備しましょう。
本書に登場する道具を紹介します。

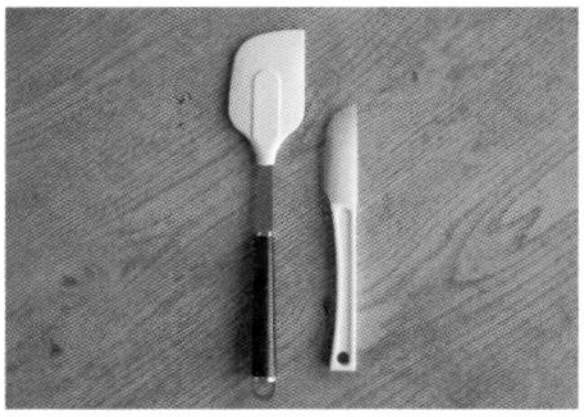

ゴムベラ大・小

レシピを重んじるパティシエの必需品。ボウルにまとわりついた残り生地もレシピの分量に含まれます。ゴムベラ小サイズは小回りがきいて非常に便利です。

ホイッパー(泡だて器)

クリームやムースなどあらゆるものを混ぜるときに便利。おすすめは、ワイヤーが長持ちするしっかりしたタイプです。頭の部分が小さいほうが使い勝手がよいです。

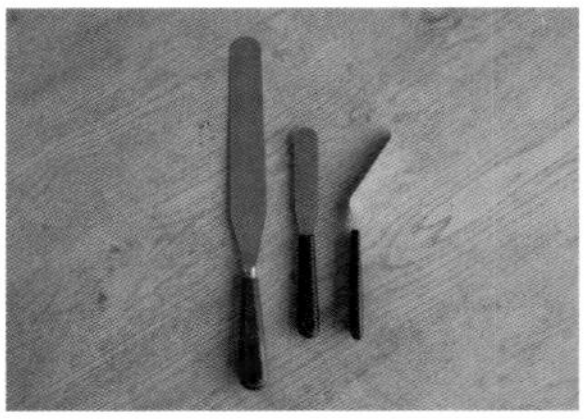

パレット大・小

クリームをぬったり、ケーキの形を整えるときに使用。使いやすく、手になじむものを見つけてください。購入するときはパレットにゆがみがないかどうかをチェックして!

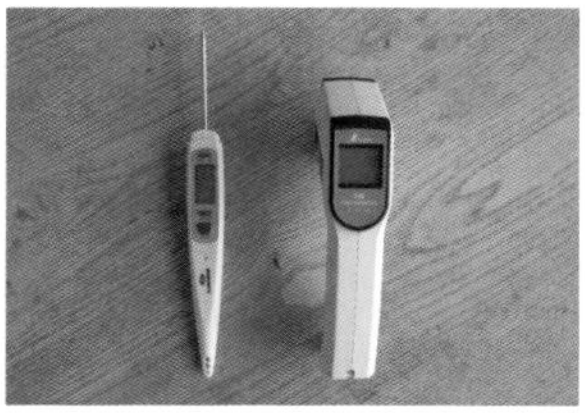

温度計・センサー温度計

センサー温度計は表面温度を瞬時に測れるのでタイミング重視の場合に活躍。ただクリームなどの中心温度を測るときは、針を刺して測る通常の温度計のほうが正確です。

ボウル

使い勝手がいいのは耐熱タイプ。メレンゲや生クリームを泡だてる際はなるべくハンドミキサーの刃がいきわたるよう、大きすぎず底の深いボウルがおすすめ。

ケーキの型

本書で基本的に使用しているのは直径15㎝のセルクル型。ほかにもパウンドケーキ型やデコ型などがあり、型をコレクションするのも楽しみのひとつです。

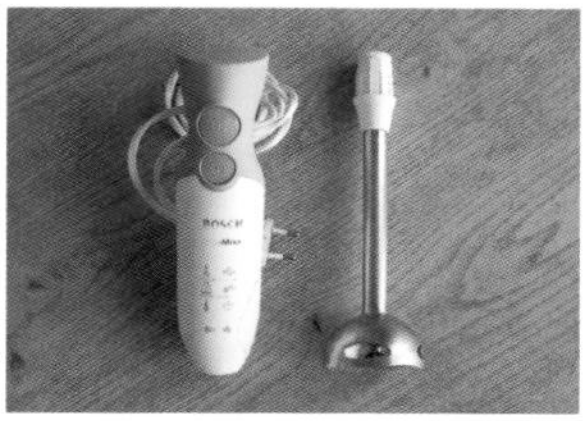

ブレンダー

手作業よりもなめらかに美しく撹拌することができるパティシエの必需品。ミキサーとは違い、鍋やカップなど、ちょっと底が深い容器ならどこでも使えます。

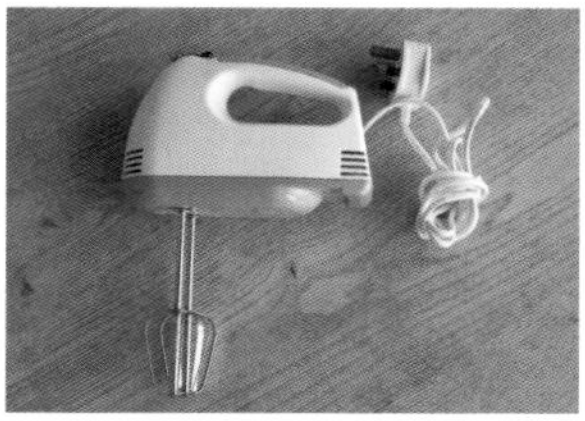

ハンドミキサー

大幅な時間の短縮に一役買ってくれるハンドミキサー。メレンゲをつくるときに使うと、キメ細かく美しい状態にもっていけます。初心者におすすめしたい道具のひとつ。

フードプロセッサー

大幅に手間と時間を短縮できます。バターに熱を加えすぎずに混ぜることができるので、クッキー生地の状態も安定したものに。特に夏場は重宝します。

スケール（はかり）

できれば0.1gまではかれる微量計がおすすめです。風袋引き機能（容器の重さを差し引いて計量する機能）も使いこなしましょう。

ケーキフィルム

ゼリー系やムース系のお菓子に必須のアイテム。写真は業務用ですが日本の製菓材料店やネットでも購入することができます。

シリコン製の型

オーブンシートやケーキフィルムなしでお菓子がつくれます。耐熱タイプの型はパウンドケーキやフォンダンショコラにも利用可能。

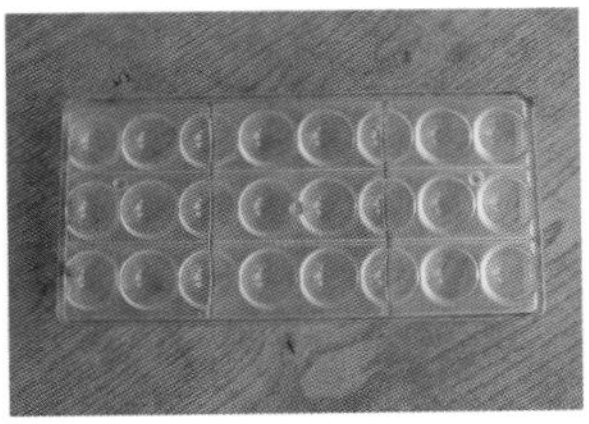

チョコレートの型

ボンボンショコラやタブレットショコラにはプラスチック製がおすすめ。シリコン製はぐにゃぐにゃと動くので作業効率は悪くなります。

スパチュラ

主にチョコレートの作業のときに重宝します。ボンボンショコラをつくる際に余分なチョコをこそぎ取ったりするのに便利です。

しぼり袋

デコレーションはもちろん、生地を焼くときや、ボンボンショコラなど小さな型に均一にタネを入れるときにも重宝します。

口金

星型や丸型、サントノーレ型などさまざまな種類がある口金。使いこなすとバリエーション豊富なお菓子をつくることができます。

こし器・茶こし

粉をふるったり、裏ごししたり。余分なものを取りのぞき、キメを整えたりする際に大活躍。このひと手間でクオリティが格段にアップ。

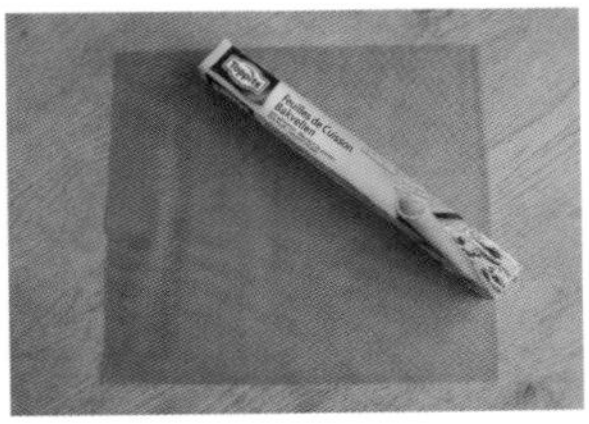

オーブンシート

タルト生地やスポンジを焼くときはもちろん、ときにはコルネをつくったりなどお菓子づくりになくてはならない存在です。

めん棒

クッキー生地を均一にのばすときや、材料をくだいたりするときにも使えます。ロールケーキを巻くときにも活躍！

木ベラ

キャラメルやシロップなど、温度が100℃を超えるものを扱うときに使用。熱に強いシリコンのゴムベラがあれば、代用してもOK。

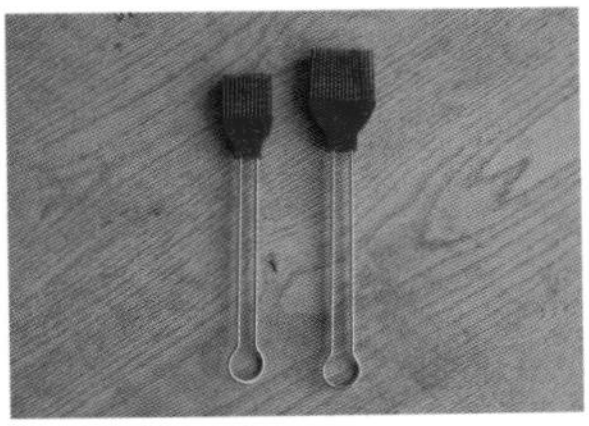

ハケ

シロップを生地に打つときやアイシングをぬるときに重宝するアイテム。手入れがしやすく熱に強いシリコン製のものがおすすめ。

Chapter 1

うららかな春のスイーツ
{ spring }

“新しいはじまり”を予感させる、春。
徐々に暖かくなってくる気候に比例して、
心の高鳴りも心地よくなってくる季節です。
晴れ晴れとした雰囲気にぴったりな
春のごほうびスイーツを集めました。

no.01_*Raspberry mousse and rare cheese tart*

フランボワーズムースとレアチーズのタルト

日本人がいちごのショートケーキを好きなように、
ヨーロッパではフランボワーズのケーキが飛ぶように売れます。
今回はさっくりほろほろな食感のタルト生地と、
くちどけなめらかなムースで華やかなケーキに仕上げました。

9h 35min

材料《直径15cmの型1台分》

クランブル
- 薄力粉 — 130g
- アーモンドプードル — 50g
- グラニュー糖 — 100g
- 塩 — ふたつまみ
- 無塩バター — 95g
- オートミール — 25g
- 卵白 — 20g（½個分）
- ドライフルーツ（クランベリーなど）— 25g

レアチーズ
- 粉ゼラチン — 4g
- 冷水 — 20g
- クリームチーズ — 150g
- 粉糖 — 20g
- 無糖ヨーグルト — 33g
- 生クリーム（35%）— 60g（7割だてにする）

フランボワーズのムース
- 粉ゼラチン — 3g
- 冷水 — 15g
- フランボワーズピューレ — 140g
- 生クリーム（35%）— 100g（7割だてにする）

フランボワーズのゼリー
- 粉ゼラチン — 2.5g
- 冷水 — 12.5g
- フランボワーズピューレ — 120g
- グラニュー糖 — 13g

デコレーション用
- フランボワーズ — 適量
- 粉糖 — 適量
- ハーブ — 適量

冷やしバターが鍵

バターがよく冷えていないとパラパラにはならず、ベチャベチャになってしまいます。食感も悪くなってしまうのでバターは事前に十分に冷やしておくよう注意してください。

準備
- 型に合わせて3枚のオーブンシートⓐⓑⓒをカットしておく。
- 型にオーブンシートⓐをセットしておく。
- 無塩バターはサイコロ状にカットして冷蔵庫でよく冷やしておく。
- オーブンを150℃に予熱しておく（工程13の5分前にスイッチを入れるとベスト）。
- クリームチーズを室温でやわらかくしておく。

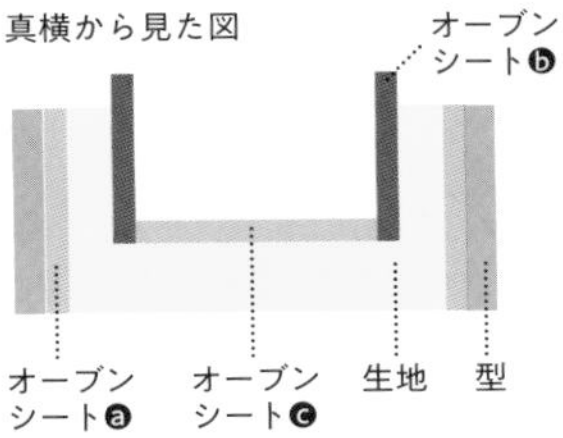

Step 1 { クランブルを焼く

フードプロセッサーに薄力粉、アーモンドプードル、グラニュー糖、塩を入れて全体が混ざり合うように約5秒混ぜる。

1に冷やしておいた無塩バターを入れ、バターが全体にパラパラと混ざるまでまわす。

2にオートミールと卵白、きざんだドライフルーツを入れて全体がコロコロとまとまるまでまわす。この時点ではすべて混ざりきっていなくてOK。

3を板に取り出して手でひとまとまりになるように軽くこねる。

ラップにつつみ薄く平らにのして冷蔵庫で約30分休ませる。薄くのしておくとこの後タルト型のサイズにのしやすくなる。

休ませた生地のラップを外し、打ち粉（分量外の薄力粉）をした板で約3㎜の厚さにのしていく。

タルトの底用に生地を直径15㎝のセルクル型で丸く抜く。

オーブンシートⓐを敷いた型の底にくりぬいた**7**を入れる。

側面タルト用に生地を帯状にカットする。定規とパイカッターを使うと切りやすい。

カットした**9**を型に沿わせ、つなぎ目を指で押さえてなじませる。

上部にはみ出た余分な生地をナイフでカットする。

フォークで底に数カ所穴をあけ、冷凍庫に約30分入れる。次の行程**13**に入る5分前にオーブンを150℃に予熱する。

オーブンシートⓑを側面にセットする。

オーブンシートⓒを型の底にセットする。

タルトストーンを入れる。タルトストーンは重いので満杯まで入れなくてOK。ただし、豆などで代用する場合は満杯まで入れる。

150℃に予熱したオーブンで約35分焼く。

タルトストーンと型、オーブンシートを取り約12分空焼きする。焼き上がったら冷ましておく。

Step 2 { レアチーズをつくる

粉ゼラチンに冷水を入れてよく混ぜ、冷蔵庫でふやかしておく。

ボウルにクリームチーズを入れてゴムベラでなめらかにやわらかくなるまでほぐす。粉糖を入れて、さらにゴムベラでなめらかになるまでよく混ぜる。

無糖ヨーグルトを加え、よく混ぜる。

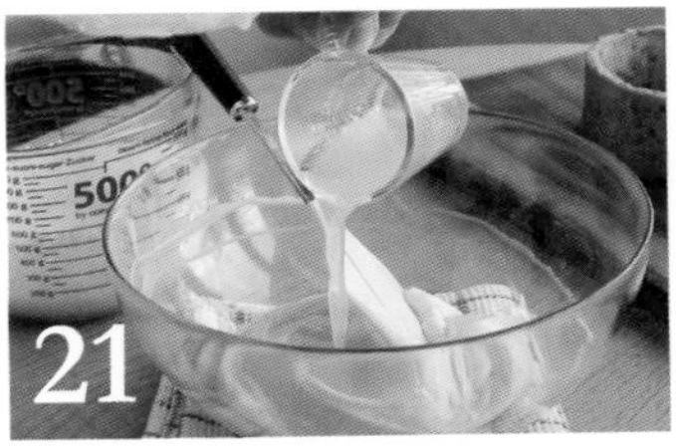

18のゼラチンを500Wのレンジで約20秒様子を見ながら温めてとかし**20**に入れてよく混ぜる。

さらに7割だてにした生クリームを**21**に入れてよく混ぜる。

タルトの中に**22**を流し込んで平らにならし、冷やし固める。目安は冷蔵庫で約3時間。もしくは冷凍庫で約30分。

ゼラチンは少しずつ温める

ゼラチンも生クリームもレンジにかけすぎると吹き上がってきてしまうことがあります。様子を見ながら少しずつ温めるのがポイントです。

Step 3 { フランボワーズのムースをつくる

粉ゼラチンに冷水を入れてよく混ぜ、冷蔵庫でふやかしておく。

フランボワーズピューレを500Wのレンジで約30秒温めて、**24**のゼラチンも500Wのレンジで約20秒温めてとかし、よく混ぜ合わせる。

25を30℃まで冷まし、7割だてにした生クリームと合わせてムラのないようによく混ぜ合わせる。

23のレアチーズの上に流し込んで平らにならし、冷やし固める。目安は冷蔵庫で約3時間。もしくは冷凍庫で約30分。

Step 4 { フランボワーズのゼリーをつくる

粉ゼラチンに冷水を入れてよく混ぜ、冷蔵庫でふやかしておく。

フランボワーズピューレにグラニュー糖を入れて500Wのレンジで約30秒温め、グラニュー糖がとけるまでよく混ぜる。

28のゼラチンを 500Wのレンジで約20秒温めてとかし、**29**に入れてよく混ぜる。

Step 5 { デコレーションする

フランボワーズをケーキのまわりに飾り、**30**をゆっくりと注ぎ、冷やし固める。目安は冷蔵庫で約1時間。上に生のフルーツをかざるので冷凍庫へは入れないほうがよい。

ふたなどをケーキにかぶせ、その上から粉糖をふるう。

お好みでハーブをかざって完成。

Tips 01

ヨーロッパのフランボワーズ
いちごよりも人気が高い甘ずっぱいフルーツ

フランス語でフランボワーズ（framboise）と呼ばれる木苺。もしかしたら日本では英語のラズベリー（raspberry）のほうがなじみ深いでしょうか？　日本だとほとんど冷凍の形で販売されているため、なかなか生では見かけないフルーツだと思いますが、フランボワーズとラズベリーは同じフルーツです。

フランボワーズはヨーロッパで多く栽培されており、スーパーでも必ず見かける人気の高いフルーツです。特にジャムやピューレなどにすると、いちごよりも鮮やかで深みのある赤みが出て、酸味と甘みのバランスが取れたパキッとした味になります。もちろん、いちごも人気なのですが、水分が多く含まれているためケーキなどにするとフランボワーズよりも優しいふわっとした味になります。レモンなどの酸味が強いフルーツを好むヨーロッパ人にとっては、パキッとした味のフランボワーズのほうが人気なのです。

実際、パティスリーに立つ僕らも、1年でいちばんの大イベントであるクリスマスにはフランボワーズの人気に助けられています。

クリスマスケーキといえば薪の形をモチーフにしたビュッシュ・ド・ノエルが定番ですが、大量に仕込むため保存する冷凍庫の場所には限りがあります。収納場所の都合上、すべてをビュッシュの形にはできません。そのため毎年普通のケーキの形（四角や丸など）も仕込まなければ多くのお客さまのもとにケーキを届けられなくなってしまいます。しかし、実際のところはどうしてもビュッシュ・ド・ノエルのケーキが人気で予約が偏ってしまう…。

そこで数年前のクリスマスに「人気のフランボワーズのケーキを四角（普通のケーキの形）にしてみたらどうだろうか？」という話になり、試してみることに。結果、見事に予約の数を分散することができたのです。クリスマスの定番、ビュッシュ・ド・ノエルに引けを取らず、フランボワーズのケーキはベルギーの人々を惹きつけてしまうことを証明しました！

余談ですが、フランボワーズを庭に植えている家庭も多く、「ハーブのように1株植えるとじゃんじゃん増えてたくさん採れるのよー」とうれしそうに見せてもらったこともあります。傷みやすくかびやすいので、もしスーパーなどで見かけたら状態をチェックし、ケーキのかざりに添えてみるのもいいかもしれません。

no.02_ *Strawberry charlotte cake*

いちごの
シャルロットケーキ

シャルロット（charlotte）とは
女性の帽子に見立てたケーキのこと。
YouTube再生回数300万回を超えたこのレシピを
自宅でもっとつくりやすく改良しました。
このケーキをある男の子にプレゼントしたら、
『名前は何？ 僕だったら
Gâteau de rêve（夢のケーキ）にするよ！』と
うれしすぎる感想をくれた自慢のレシピです。

9h 20min

材料《直径15cmの型1台分》

ビスキュイ（35×30cmの型）
- 無塩バター — 32g
- 卵黄 — 3個
- 卵白 — 80g（2個分）
- グラニュー糖 — 45g
- 食用着色料（赤） — 約5滴
- 薄力粉 — 32g

ヨーグルトのムース
- 生クリーム（35%） — 135g（7割だてにする）
- 粉ゼラチン — 3.5g
- 冷水 — 17.5g
- 無糖ヨーグルト — 100g
- 粉糖 — 30g
- レモン汁 — ½個分

いちごのムース
- 粉ゼラチン — 3g
- 冷水 — 15g
- 卵黄 — 3個
- グラニュー糖 — 55g
- いちごピューレ — 120g
- 生クリーム（35%） — 135g（7割だてにする）

いちごのゼリー
- 粉ゼラチン — 2.5g
- 冷水 — 12.5g
- いちごピューレ — 120g
- グラニュー糖 — 13g

デコレーション用
- いちご — 適量
- お好みのフルーツ — 適量
- ハーブ — 適量

準備
- 天板にオーブンシート（35×30cm）をはめ込んでおく［**A**］。
- オーブンを180℃に予熱しておく（工程**4**でスイッチを入れるとベスト）。

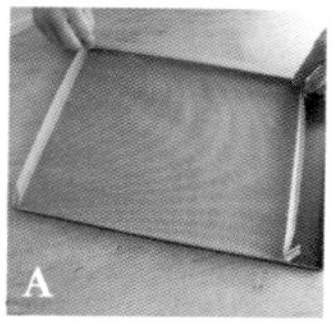

Step 1 ビスキュイをつくる

無塩バターを500Wのレンジで20〜30秒様子を見ながら温め、とかしておく。

卵黄を白っぽくもったりとするまでハンドミキサーにかける。

卵白をハンドミキサーにかけながらグラニュー糖を5回にわけて入れ、ピンとツノが立つようなキメが整ったメレンゲをつくる。

最後のグラニュー糖を入れ終わったら、食用着色料を入れて色ムラのないようにしっかり混ぜる。ここでオーブンを180℃に予熱する。

2と**4**を合わせ、ボウルの中心から外側に大きく5回、円を描くように混ぜる。この時点でメレンゲと卵黄は混ざりきっていなくてOK。

薄力粉をふるいにかけながら入れて、気泡をつぶさないようにボウルの底から大きく15回ほど混ぜる。

1に**6**の生地の一部を入れてよく混ぜる。

7をボウルに戻し、気泡をつぶさないようにボウルの底から大きくさっくりと混ぜ合わせる。あまり混ぜすぎないように注意。

天板に生地を流し平らにのばす。

180℃に予熱したオーブンで約10分焼く。

焼き上がったら冷ましておく。

Step 2 { ヨーグルトのムースをつくる

直径15㎝の型にオーブンシートを敷きつめ、底と側面のサイズにカットしたビスキュイを敷き込んでおく。

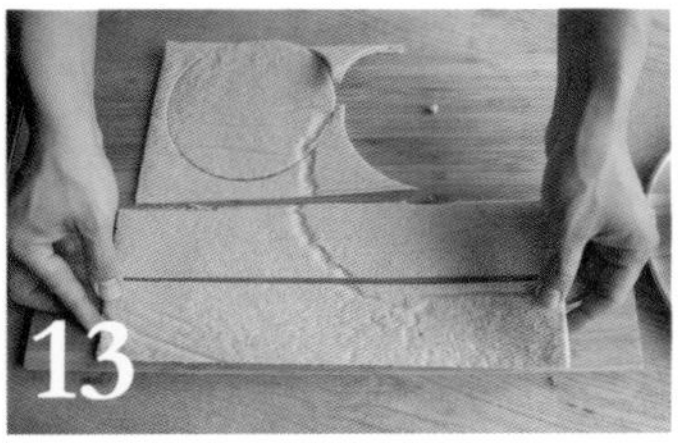

ムースの中にサンドするビスキュイ（ひとまわり小さいサイズ）もカットしておく。

生クリームを7割だてにする。ここで、いちごのムースの分の生クリームも一緒に7割だてにしておく。

粉ゼラチンに冷水を入れてよく混ぜ、冷蔵庫でふやかしておく。

無糖ヨーグルトに粉糖を入れてダマにならないようによく混ぜる。粉糖を使うことでとけやすくダマになりにくい。

16にレモン汁を加え、よく混ぜる。

15のゼラチンを500Wのレンジで約20秒様子を見ながらとかし、**17**に入れてよく混ぜる。

7割だてにした生クリームに**18**を加えてよく混ぜ合わせる。

用意しておいた型に流し入れて平らにならす。

13のビスキュイをのせて冷蔵庫で冷やし固める。目安は冷蔵庫で約3時間。もしくは冷凍庫で約1時間。

Step 3 { いちごのムースをつくる

粉ゼラチンに冷水を入れてよく混ぜ、冷蔵庫でふやかしておく。

卵黄にグラニュー糖を入れてやや白っぽくなるまでよく混ぜる。

いちごピューレを鍋に入れてかき混ぜながらふつふつと沸くまで弱火にかける。フルーツのピューレはこげやすいのでときどき混ぜながら、目を離さないように注意！

ホイッパーでよく混ぜながら**23**に**24**を加えていく。

少しずつ加えるのがコツ

卵が固まらないようにするコツは、最初にピューレを少しだけ入れてからよく混ぜることです。その後残りのピューレもよく混ぜながら加えていくことで、卵が固まりづらくなります。

25をこしながら再び鍋に戻して火にかけ、混ぜながら82℃まで温度を上げて、火からおろす。

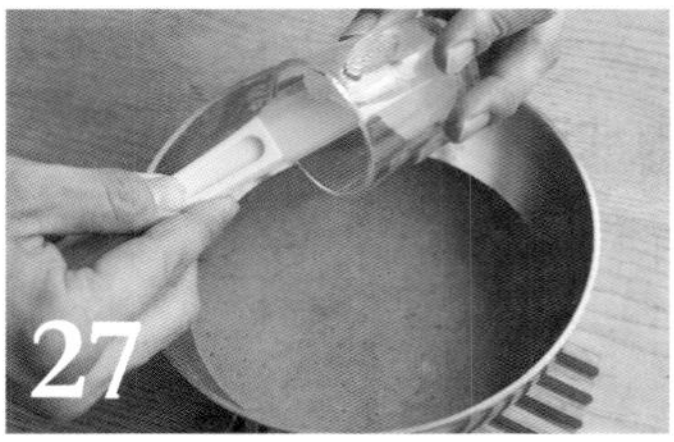

26の中に**22**のゼラチンを入れてよく混ぜて、別の容器に移して30℃になるまで冷ましておく。

なぜ温度を下げるの？

温度が高いまま生クリームと混ぜるとシャバシャバの液体になり、ムースのふんわりとした食感がなくなります。なるべく大きい平たい器に入れるのが手早く温度を下げるコツ。

14で7割だてにした生クリームに、冷ました**27**を加えてよく混ぜる。

21のヨーグルトムースの上に流し入れて平らにならし、冷やし固める。目安は冷蔵庫で約3時間。もしくは冷凍庫で約1時間。

Step 4 { いちごのゼリーをつくる

粉ゼラチンに冷水を入れてよく混ぜ、冷蔵庫でふやかしておく。

▼

いちごピューレにグラニュー糖を入れてよく混ぜ、500Wのレンジで約30秒温め、グラニュー糖をとかす。

▼

30のゼラチンを500Wのレンジで約20秒様子を見ながらとかし、温度を人肌以下（25℃がベスト）まで冷ます。**31**に加えてよく混ぜる。

▼

29から型とオーブンシートを外して、**32**のいちごのゼリーをいちごのムースの上に流し、冷やし固める。目安は冷蔵庫で約1時間。もしくは冷凍庫で約30分。

Step 5 { デコレーションする

いちごをカットしてデコレーションする。ヘタつきのいちごを使用すると緑色がアクセントとなるのでおすすめ。

▼

フルーツやハーブなどで自由にデコレーションしたら完成。

no.03_ *Strawberry cake roll with double cream*

ダブルクリームのいちごロール

カスタードクリームと生クリームを合わせた
ディプロマートクリームをぜいたくに使ったロールケーキは
軽い生地に濃厚なクリーム、
旬のいちごが口の中でジュワッと広がります。
お誕生日や華やかな雛祭りのお祝いにいかがでしょうか？

4h 5min

材料《30×30㎝の型1台分》

ビスキュイ（つくり方は20ページ参照）
- 無塩バター — 32g
- 卵黄 — 3個
- 卵白 — 80g（2個分）
- グラニュー糖 — 45g
- 食用着色料（赤） — 約5滴
- 薄力粉 — 32g

ディプロマート

［カスタードクリーム］
- 粉ゼラチン — 2g
- 冷水 — 10g
- バニラビーンズ — ¼本
- 卵 — 1個
- 卵黄 — 1個
- グラニュー糖 — 40g
- 薄力粉 — 15g
- 牛乳 — 150g
- 無塩バター — 15g

［生クリーム］
- 生クリーム（35%） — 110g
- グラニュー糖 — 10g

デコレーション用
- 中に入れるいちご — 適量
- 季節のフルーツ — 適量
- ハーブ — 適量
- 生クリーム（35%） — 100g
- グラニュー糖 — 8g

（生クリームとグラニュー糖を混ぜ、ピンとツノが立つくらいまで立てる）

Step 1 ｛ビスキュイを焼く

1

20ページと同じ手順でビスキュイを焼く。30×30㎝の型を使い、いちごのシャルロットケーキよりも厚めに焼く。

なぜロールケーキは厚めに焼くの？

よりふわふわな生地感を楽しんでもらうために厚めに焼いています。また、厚めに焼いたほうが、巻いたときクリームが「の」の字になりやすく、きれいに仕上がります。

4

ボウルに卵、卵黄を入れてよく混ぜ、さらにグラニュー糖も入れてよく混ぜる。

5

4に薄力粉をふるいにかけながら加えてよく混ぜる。

Step 2 ｛ディプロマートをつくる

2

まずはカスタードクリームをつくる。粉ゼラチンに冷水を入れてよく混ぜ、冷蔵庫でふやかしておく。

3

バニラビーンズの種をナイフで取り出す。

6

鍋に牛乳を入れ、**3**で取り出したバニラビーンズの種とさやの部分も入れて弱火にかけ、沸騰直前まで温める。

ひとつまみのグラニュー糖

このときグラニュー糖（分量内）をひとつまみ入れて温めると、牛乳に膜がはりづらくなります（次の工程**7**で卵液と合わせるときに膜はじゃまになる）

6で温めた牛乳を5に加えて手早く混ぜる。

7をこしながら鍋にもう一度戻す。

弱火から中火にかけてとろみがつくまでかき混ぜ続け、鍋底から蒸気が上がってしっかりとコシがついたら火からおろす。

なめらかなクリームに

コシがついたクリームをもう一度よく混ぜると、コシが切れてトロッとなめらかになります。

2のゼラチンを加え、ダマができないようによく混ぜる。

無塩バターを入れてよく混ぜる。

平らな容器に入れてラップを密着させる。粗熱が取れてから冷蔵庫で約2時間、さわったときに冷たいと感じるまでしっかりと冷やす。

しっかりクリームをつくる理由

フルーツをたくさん盛りつけるので、かざりつけのときにケーキがくずれないようにゼラチンを入れています。カスタードクリームは傷みやすいので、できるだけ早く粗熱を取り冷蔵庫に入れてください。氷につけるのも有効です。

カスタードクリームを冷やしている間に生クリームにグラニュー糖を加え、7割だてにしておく。

カスタードクリームがしっかり冷えたらボウルに入れてゴムベラでダマを取るようにほぐし、7割だての生クリームを2回にわけて入れてよく混ぜる。1回目はしっかりと合わせ、2回目は軽めにさっくりと。

Step 3 { ロールケーキを巻く

Step 1で焼いて冷ましておいたビスキュイからオーブンシートをはがす。

▼

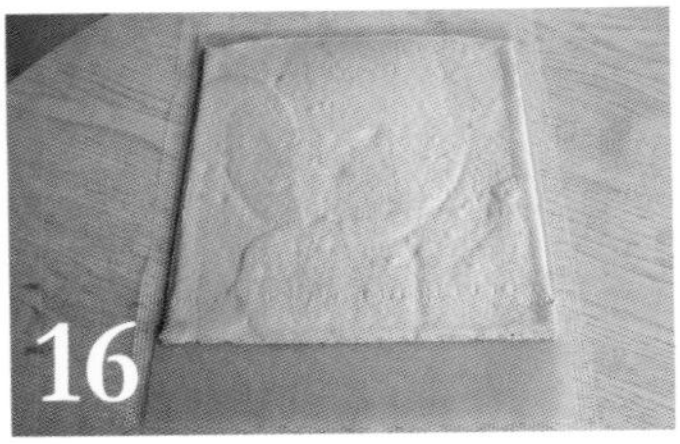

新しいオーブンシートをのせてひっくり返す。**15**ではがした面が下にくるようにする。

▼

Step 2で作ったディプロマートをビスキュイの上にぬる。きれいに巻くため、巻き終わり端1㎝はクリームをぬらないでおく。

▼

手前側にヘタを取ったいちごを並べていく。

▼

いちごがロールケーキの芯になるイメージで、締めながら巻いていく。

▼

めん棒にオーブンシートをくるくると巻きつけながら締めるとゆるみにくい。

▼

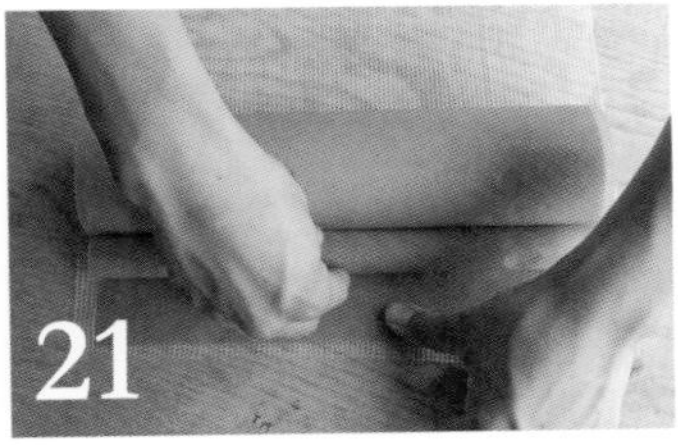

巻き始めたら途中で迷わず一気に巻ききるのがコツ。巻き始めに芯を作っておくと、空洞ができないのできれいな丸がつくれる。

▼

生地の巻き終わりを下にして冷蔵庫で約30分冷やす。

▼

Step 4 { デコレーションする

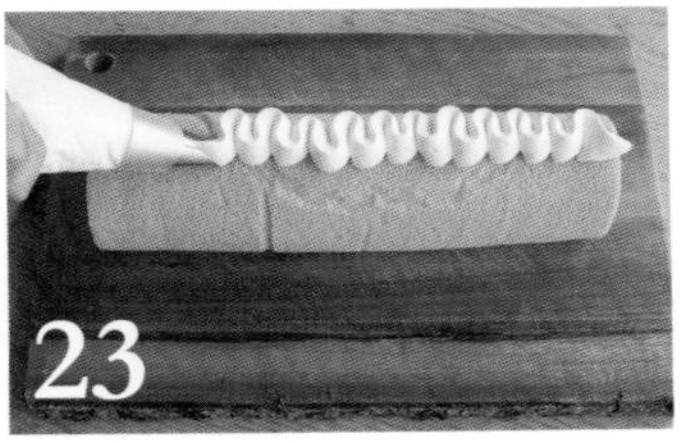

両端をカットし、生クリームにグラニュー糖を加えて、ピンとツノが立つくらいまで立てたデコレーション用の生クリームをしぼる。

▼

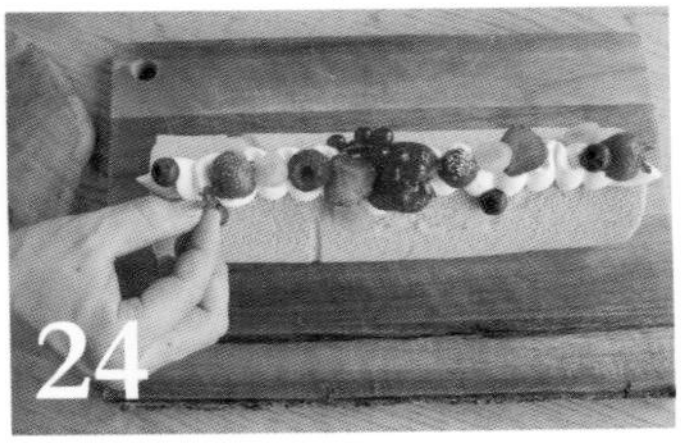

季節のフルーツやハーブで自由にデコレーションして完成。

no.04_ *Cheerful fruit tart*

もりもりフルーツタルト

さっくりとしたアーモンドクリーム入りのタルトと
カスタードクリーム、フルーツが相性抜群の王道のレシピです。
旬のフルーツをたっぷりかざれば、大切な方へのおもてなしや
ホームパーティなどにぴったりな華やかなタルトに。

5h 10min

材料《直径20㎝のタルト型1台分》

Ⅲ カスタードクリーム
（作り方は25ページ参照）

- 粉ゼラチン — 2g
- 冷水 — 10g
- バニラビーンズ — ¼本
- 卵 — 1個
- 卵黄 — 1個
- グラニュー糖 — 40g
- 薄力粉 — 15g
- 牛乳 — 150g
- 無塩バター — 15g

Ⅲ アーモンドクリーム

- 無塩バター — 75g
- 粉糖 — 75g
- アーモンドプードル — 75g
- 卵 — 2個
- 薄力粉 — 10g

Ⅲ サブレ生地（タルト）

- 薄力粉 — 110g
- アーモンドプードル — 12g
- 粉糖 — 50g
- 無塩バター — 100g
- 卵黄 — 1個

Ⅲ デコレーション用

- お好みのフルーツ — 好きなだけ
- ハーブ — 適量
- 粉糖 — 適量

準備

▎25ページの手順でカスタードクリームをつくり、冷蔵庫でよく冷やしておく。

▎アーモンドクリーム用のバターを室温に戻しておく。

▎サブレ生地用の無塩バターをサイコロ状にカットして冷蔵庫でしっかりと冷やしておく。

▎タルト型にバター（分量外）を薄くぬっておく［A］。

▎オーブンを160℃に予熱しておく（工程20でスイッチを入れるとベスト）。

A

Step 1 { アーモンドクリームをつくる

1

室温に戻したバターをマヨネーズ状になるまでゴムベラでよく混ぜる。

2

粉糖を加え、最初はゴムベラでよく混ぜてバターとなじませる。

3

ホイッパーに持ち替えて、白っぽくなるまでよく混ぜる。空気を含ませながらクリーム状になるまでよく混ぜることが重要。ハンドミキサーを使ってもOK。

4

アーモンドプードルを加えてホイッパーでよく混ぜる。

5

さらに卵を加え、ホイッパーでなめらかになるまでよく混ぜる。

6

薄力粉をふるいにかけながら加えて、粉っぽさがなくなるようによく混ぜる。

7

しぼり袋などに入れて冷蔵庫で約1時間休ませておく。

Step 2｛サブレ生地（タルト）をつくる

フードプロセッサーに薄力粉、アーモンドプードル、粉糖を入れて約5秒まわす。

▼

よく冷やした無塩バターを加えて、バターがパラパラとするまでまわす。

▼

さらに卵黄を加えて、全体がコロコロとまとまるまでまわす。

▼

10を板の上に取り出して手で生地をまとめ、ラップにつつんで冷蔵庫で約30分休ませる。

▼

ラップに包んでめん棒などで薄くのばしておくと、このあと生地がのばしやすくなる。

▼

生地を十分休ませたら、打ち粉（分量外の薄力粉）をしながら板に取り出す。

▼

型よりもひとまわり大きいサイズ（直径プラス約5㎝が目安）になるようにめん棒で均一な厚さ（約3㎜）にのばす。

▼

生地を型の上にかぶせて敷き込み、生地が底と側面にぴったりとはりつくように成形する。生地はめん棒に巻きつけると移動しやすい。

▼

型の上にめん棒を転がして余分な生地をカットする。

▼

型の側面の生地をもう一度しっかりと指ではりつける。

▼

型からはみ出た生地をナイフでカットする。

▼

フォークで生地の底に穴をあけ約30分冷凍庫に入れておく。

▼

Step 3 { タルトを焼く

20

ここでオーブンを160℃に予熱する。Step 1のアーモンドクリームを冷凍庫で休ませたStep 2の生地に円を描くようにしぼり入れる。

> **アーモンドクリームは室温に戻しておく**
> 冷蔵庫から出したてだとアーモンドクリームが固く、しぼりづらいことがあります。約30分前に室温に戻しておくといいでしょう。

21

20の表面を平らにならす（おそらくこの作業中に予熱は完了する）。

22

予熱したオーブンで40〜50分ほど焼く。

> **焼き時間について**
> このタルトは空焼きせずにクリームを入れて焼き切るので焼き時間は長め。焼きが甘いと生焼けのような食感になるのでしっかりと火を通してください。全体がきつね色になるまでしっかり焼くと、外はサクサク、中はほっくりに仕上がります。

23

焼き上がったら冷ましておく。

24

十分に冷めたら型からタルトを外す。

Step 4 { 仕上げる

25

あらかじめ冷やしておいたカスタードクリームをしぼり袋に入れてタルトの上に山型にしぼっていく。

26

お好みのフルーツを準備する。

27

好きなだけ彩りよくデコレーションしていく。大きめのフルーツで土台をつくるイメージで行う。色が散るようにするのもポイント。

28

お好みでハーブをかざり、タルトの端に粉糖をふるって完成。

no.05_ *Fluffy tiramisu*

ふんわりティラミス

軽さとコクのある卵黄クリーム（パータボンブ）を隠し味に、
ふんわりとまろやかでコクのあるティラミスに仕上げました。
濃いめのコーヒーをスポンジにたっぷり染み込ませて
大人のひとときを楽しんでいただきたいです。
春先のおやつに、ご夫婦、恋人、親友と。

4h

材料

《12×18cmの容器とカップ2つ分》

ビスキュイ（30×40cmの天板1枚分）
- 卵黄 — 6個
- グラニュー糖ⓐ — 12g
- 卵白 — 160g（4個分）
- グラニュー糖ⓑ — 84g
- 薄力粉 — 96g

マスカルポーネのムース
- マスカルポーネ — 250g
- 粉糖 — 60g
- 生クリーム（35%）— 300g（7割だてにする）
- [パータボンブ]
- グラニュー糖 — 35g
- 水 — 60g
- 卵黄 — 3個

コーヒーシロップ
- 濃いめのコーヒー — 300g
- グラニュー糖 — 50g

デコレーション用
- ココアパウダー — 適量

準備

- 天板にオーブンシートをはめ込んでおく[**A**]。
- オーブンを180℃に予熱しておく（工程**3**の前にスイッチを入れるとベスト）。
- マスカルポーネを室温でやわらかくしておく。
- 重ねて仕上げる前に濃いめのコーヒーを淹れ、グラニュー糖をよく混ぜ、冷ましておく[**B**]。

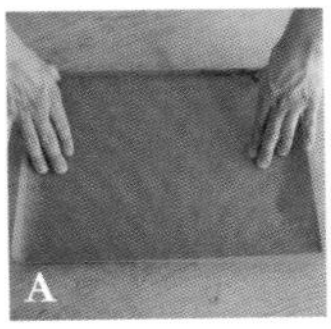

Step 1 { ビスキュイをつくる

卵黄にグラニュー糖ⓐを入れてハンドミキサーで白っぽくもったりとするまで混ぜる。

卵白にグラニュー糖ⓑを5回にわけながらハンドミキサーをかけ、コシとツヤのあるメレンゲにする。

グラニュー糖を入れる理由

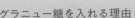

グラニュー糖を入れると大きな気泡のメレンゲが落ち着き、キメ細やかな気泡になります。それをくり返すことでツヤとコシのあるしっかりとしたメレンゲをつくることができます。

ここでオーブンを180℃に予熱する。**1**に**2**を加えて中心から外側にボウルの底をかくように5回ほど大きく混ぜる。卵黄と卵白は混ざりきっていなくてOK。

3に薄力粉をふるいにかけながら入れ、中心から外側に粉っぽさがなくなるように大きく混ぜる。混ぜすぎて気泡がつぶれないように注意。

天板に生地を流しカードで全体を平らにならす。

180℃に予熱したオーブンで約12分焼く。天板に生地をならしたら、なるべく早くオーブンへ入れるのがコツ。

焼き上がったら冷ましておく。

Step 2 マスカルポーネのムースをつくる

マスカルポーネをゴムベラでなめらかになるようにほぐし、粉糖を入れて混ぜる。

7割だてにした生クリームを2回にわけて**8**に入れ、混ぜ合わせる。

パータボンブをつくる。鍋に水とグラニュー糖を入れ、ふつふつとするまで弱火で加熱する。

名脇役のパータボンブ

卵黄ベースのふんわりとコクのあるクリームをパータボンブといいます。ケーキの味わいを深め、一段階上のリッチな味を引き出したいときによく使います。

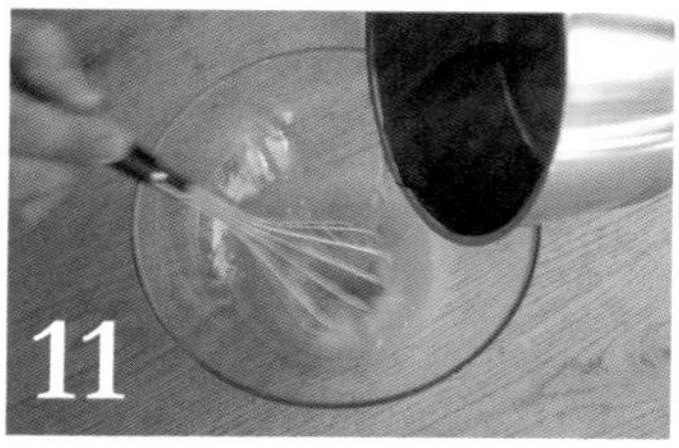

別のボウルに卵黄を準備して、**10**のシロップを入れて手早く混ぜる。

11をこしながらもう一度鍋に戻す。

鍋を弱火にかけ、ゴムベラで混ぜながら82℃まで加熱する。

13をボウルに移してハンドミキサーで白っぽくふんわりとするまで混ぜる。これでパータボンブの完成。

14と**9**を混ぜ合わせる。

Step 3 { 重ねて仕上げる

7のビスキュイを容器のサイズに合わせてカットする。

容器にマスカルポーネのムースを入れる。

さらにビスキュイを重ねる。

ビスキュイに、冷ましておいたコーヒーシロップをたっぷりと染み込ませる。

19の上にココアパウダーをまんべんなくふりかける。

17から**20**をくり返し、マスカルポーネのムース→ビスキュイ→コーヒーシロップ→ココアパウダーの順に重ねていく。

最後はムースを入れてパレットなどで平らにすり切る。

仕上げにココアパウダーをたっぷりとふりかけ、冷蔵庫で約2時間ほど冷やしたら完成。

Column

Les sens cielのベルギー散歩 *vol.1*

寒い冬を越した、太陽のごほうび

ベルギーの冬は長いです。10月頃から暗くて寒い夜が続き、日中も曇っていることのほうが多くなります。日の出は朝の8時過ぎと遅く、16時頃からもう暗くなってきます。日照時間が少ないせいか、ふさぎこんでしまう人も多いとか。この時期ばかりは、ベルギー人も「C'est Belgique（これがベルギー）」とあきらめムードのようです。

しかし、夏至を迎えると日の出は朝の5時頃となり、22時を過ぎても明るいという状況が8月頃まで続きます。日本と同じく四季があるベルギーですが、日照時間の差が激しいのが特徴かもしれませんね。

猛暑日が何日も続く日本の夏と違って、ベルギーの夏には猛暑日がほとんどなく、湿気のないカラッとした過ごしやすい日々が続きます。その証拠にベルギーの一般家庭にはエアコンがありません。

夏本番になると、長かった冬の鬱憤を晴らすように、ベルギー人たちは行動を開始。とにかく「少しでも外に出て太陽を浴びたい！」という欲求がすごいのです。美白意識の高い日本人には信じられないかもしれませんが、ベルギー人にとっては、夏の間にいかに小麦肌になれるかがステータス。日焼けなんて気にせず、どんどん日光にあたりに行くためカフェやレストランのテラス席は満席になります。

特に、夏の公園の風景は圧巻です。「一体今までみんなどこに隠れていたの？」と思うくらい、公園の芝生にぞろぞろとたくさんの人々が集まってくるのです。芝生に寝そべって太陽を浴びたり、本を読んだり、過ごし方はさまざま。バドミントンやサッカーをしている人、犬を連れてリラックスしている人、なかには「ここってビーチだったっけ？」というような涼しい格好をしている人まで！ みんな生き生きリラックスして過ごしています。

そうそう、公園にテーブルや椅子を持参してピクニックを楽しむ人の姿もちらほら見かけますよ。テーブルといってもピクニック用のテーブルではありません。家の中におくような立派な家具を持参するんです。初めてその風景を見たときは、『不思議の国のアリス』に出てくるお茶会のシーンを思い出し、「これって現実の世界でも見られるんだ…」と驚いたものです。日本で育った僕にはかなり新鮮でおもしろい光景でした。

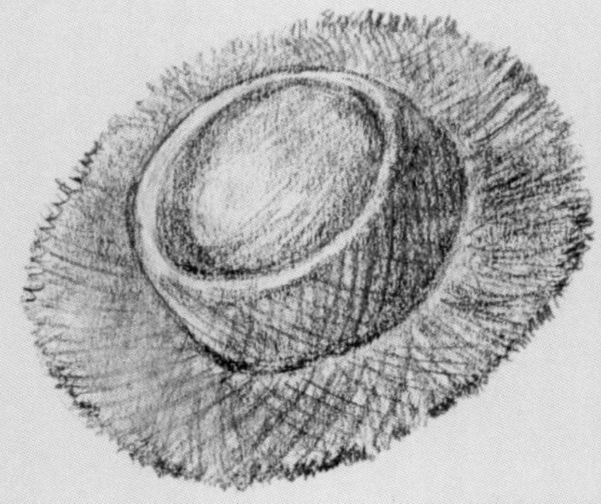

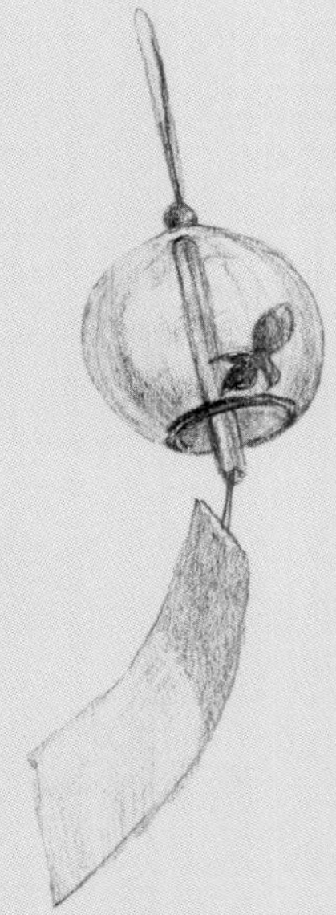

Chapter 2

鮮やかな夏のスイーツ
{ summer }

たとえ夏バテしていたとしても
食べれば元気になれるような夏のスイーツ。
差し込む強い日差しも夏らしさを感じさせる大切な要素。
ジューシーな果実をふんだんに使った
ごほうび感たっぷりの“甘み”を味わいましょう。

no.06_ *Mango and chocolate cake*

マンゴーとチョコのケーキ

夏でもおいしく食べられるチョコとフルーツの組み合わせを探し、
出合ったのが「チョコ×マンゴー」という新たな方程式でした。
濃厚なチョコムースと甘すぎないマンゴーのムースの相性はばっちり。
ザクザクのチョコクランチが食感のアクセントになっています。

7h 40min

材料《直径15cmの型1台分》

Ⅲ チョコクランチ

- ドライフルーツ
  （マンゴーやパパイヤなど）— 30g
- クッキー（ほろほろなクランブルクッキーなど）— 110g
- ミルクチョコレート — 140g
- ココナッツオイル — 15g

Ⅲ ミルクチョコのムース

- 粉ゼラチン — 2g
- 冷水 — 10g
- ミルクチョコレート — 50g
- ダークチョコレート — 10g
- 生クリーム（40%）ⓐ — 75g
- 生クリーム（40%）ⓑ — 100g
  （7割だてにする）

Ⅲ マンゴーのムース

- 粉ゼラチン — 4g
- 冷水 — 20g
- マンゴーピューレ — 140g
- 生クリーム（40%）— 100g
  （7割だてにする）

Ⅲ デコレーション用

- マンゴー — 好きなだけ
- その他お好みのフルーツ — 適量

準備

▍ケーキフィルムを型のサイズに合わせてカットし、はめ込んでおく［**A**］。

▍板チョコを使う場合は前もってきざんでおく。

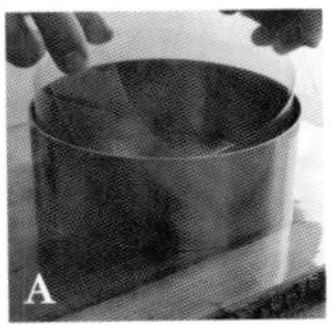

Step 1 { チョコクランチをつくる

ドライフルーツを粗めにきざむ。

クッキーを粗めにきざむ。

500Wのレンジで約30秒ずつ様子を見ながら、とかしたミルクチョコレートにココナッツオイルを入れてよく混ぜる。

> **ココナッツオイルを入れる理由**
>
> じつはチョコレートだけだと、冷やすと固くなりすぎてしまうというデメリットが。そこでココナッツオイルを入れ、食べやすい固さに調整できるようにするというわけです。ココナッツの味はほとんど感じないので、風味が苦手な方でも一度試してほしい裏技です。

ドライフルーツとクッキーを**3**とよく混ぜる。

4を型の底に敷きつめる。

冷蔵庫で約20分冷やし固める。

Step 2 { ミルクチョコのムースをつくる

粉ゼラチンに冷水を入れてよく混ぜ、冷蔵庫でふやかしておく。

▼

ミルクチョコレートとダークチョコレートを耐熱容器に入れ、500Wのレンジに約20秒かけて少しずつとかす。

チョコレートのとかし方

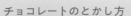

レンジにかけすぎるとチョコレートがこげてしまうことがあるので、500Wのレンジで30秒ずつを目安に様子を見ながら少しずつとかしましょう。⅔ほどとけたら、残りは混ぜながら余熱でとかすのがなめらかにするコツです。

▼

▼

生クリームⓐを500Wのレンジで約20秒ほんのり湯気が立つくらい温め、**8**に2回にわけて入れてよく混ぜて乳化させる。

▼

7のゼラチンを500Wのレンジで約20秒温めてとかし、**9**に入れよく混ぜ、30℃まで冷ましておく。

▼

生クリームⓑを7割だてにし、30℃まで冷やしておいた**10**と混ぜ合わせる。

▼

▼

11を**6**の上に流して平らにならす。

▼

冷やし固める。目安は冷蔵庫で約3時間。もしくは冷凍庫で約1時間。

Step 3 { マンゴーのムースをつくる

粉ゼラチンに冷水を入れてよく混ぜ、冷蔵庫でふやかしておく。

マンゴーピューレを500Wのレンジで約20秒温め、30℃まで温める。

14のゼラチンを500Wのレンジで約20秒温めてとかし、**15**に入れてよく混ぜる。

7割だてにした生クリームと**16**をよく混ぜ合わせる。

13のセルクルを外す。

ミルクチョコムースの上に**17**を流して平らにならす。

冷やし固める。目安は冷蔵庫で約3時間。もしくは冷凍庫で約1時間。

Step 4 { 仕上げる

ケーキフィルムを外す。

マンゴーをひと口大にカットする。

ケーキの上に円状に並べ、自由にデコレーションをする。

完成。切ると断面が美しい3層になる。

no.07_ *Orange and yogurt cake*

オレンジと ヨーグルトのケーキ

夏バテをしていても食べれば元気になれる、
体にスーッと入っていくさわやかなケーキを目指しました。
オレンジの皮を隠し味(隠し香り)に使うことで
柑橘系の爽快感ある香りがダイレクトに楽しめます。
見た目も涼しげなさっぱりとしたケーキです。

7h 45min

材料《直径15cmの型1台分》

クリスピーショコラ

- クッキー(ほろほろなクランブルクッキーなど) — 100g
- ホワイトチョコレート — 100g
- ココナッツオイル — 10g

オレンジヨーグルトのムース

- 粉ゼラチン — 8g
- 冷水 — 40g
- オレンジの皮 — ½個分
- オレンジ — 2個
  (実と果汁を合わせて240g使用。足りない場合は100%のオレンジジュースを追加する)
- 卵黄 — 3個
- グラニュー糖 — 45g
- 生クリーム(35%) — 150g
  (7割だてにする)
- 無糖ヨーグルト — 80g

オレンジゼリー

- 粉ゼラチン — 5g
- 冷水 — 25g
- 100%のオレンジジュース — 180g
- グラニュー糖 — 20g

デコレーション用

- オレンジ — 適量
- お好みのフルーツやハーブ — 適量

準備

- 型にケーキフィルムをはめ込んでおく[A]。
- オレンジは皮も使うのでオーガニックのものを使用する。
- 板チョコを使う場合は前もってきざんでおく。

Step 1 { クリスピーショコラをつくる

クッキーをきざんでボウルに入れる。

ホワイトチョコレートを500Wのレンジで約20秒ずつ数回にわけてゆっくりととかす。半分とけたら約5分放置してから混ぜると余熱できれいにとける。

2にココナッツオイルを入れてよく混ぜる。

3を**1**のクッキーに入れてよく混ぜる。

4を型に入れてまんべんなく敷きつめ、冷蔵庫に約20分入れておく。ムースが漏れないように、なるべく隙間なく入れるのがポイント。

Step 2 オレンジヨーグルトのムースをつくる

粉ゼラチンに冷水を入れてよく混ぜ、冷蔵庫でふやかしておく。

鍋にオレンジの皮をすりおろす。

オレンジの皮をむき、実をふさから外す。果汁も使うので捨てずに鍋に入れておく。

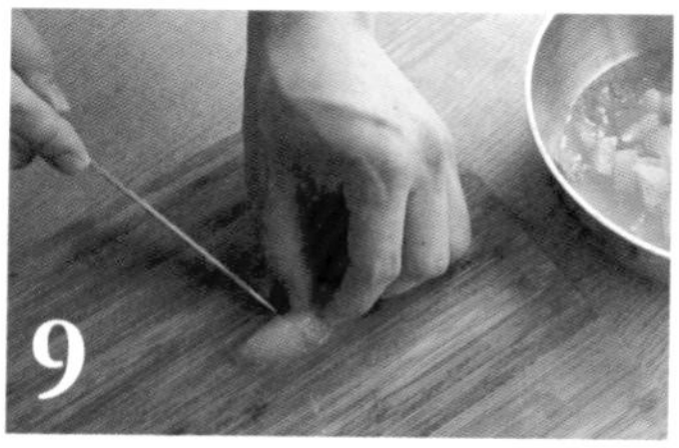

オレンジを細かくカットしたら鍋に入れて重さをはかり、240gに満たなければ100%のオレンジジュースを追加で足す。

9を弱火にかけ、ときどき混ぜながらふつふつと沸かせる。

別のボウルに卵黄とグラニュー糖を入れてよく混ぜる。

卵黄が固まらないようにかき混ぜながら**10**をまずは少量入れて混ぜ、残りもかき混ぜながら入れる。

12を鍋に戻してもう一度火にかける。ゴムベラでよくかき混ぜ、82℃になったら火からおろす。

6のゼラチンを**13**に入れてよく混ぜ、冷ましておく。

生クリームを7割だてにし、さらに無糖ヨーグルトを入れる。

ホイッパーでよく混ぜる。

14が25℃まで冷めたら**16**と合わせてよく混ぜる。

なめらかになるまで混ぜる。

*Step 1*のクリスピーショコラの上に**18**を流し入れて、冷やし固める。目安は冷蔵庫で約4時間。もしくは冷凍庫で約1時間。

Step 3 { オレンジゼリーをつくる

粉ゼラチンに冷水を入れてよく混ぜ、冷蔵庫でふやかしておく。

オレンジジュースにグラニュー糖を入れてよく混ぜ、500Wのレンジでグラニュー糖がとけるまで約30秒温める。

20のゼラチンを500Wで約20秒温めてとかし、**21**に入れてよく混ぜる。

19のケーキを型から外し、カットしたオレンジを上に並べる。チョコレートがくっついて型が外れにくい場合はナイフを少し入れると外しやすい。

22をゆっくりと注ぎ、冷やし固める。目安は冷蔵庫で約2時間。もしくは冷凍庫で約30分。

ゼリーが固まったらケーキフィルムを外す。

Step 4 { 仕上げる

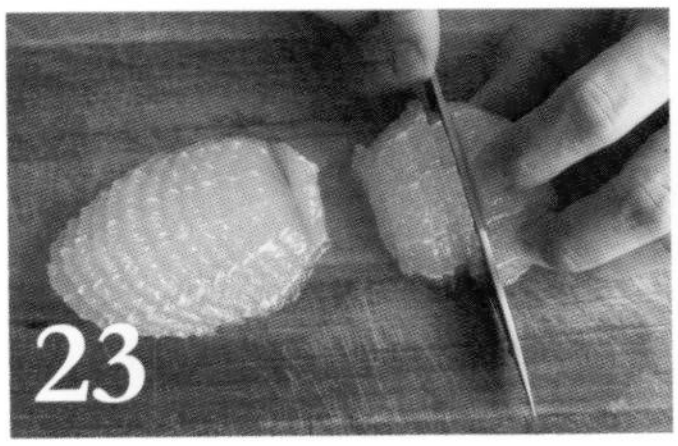

デコレーション用のオレンジを薄切りにする。

仕上げにお好みのフルーツやハーブをかざって完成。

no.08_ *Melon shortcake*

メロンのショートケーキ

旬のメロンを使ったショートケーキは
初夏を感じさせてくれる絶品スイーツ。
ベルギーではアンデスメロンが一般的ですが、
日本でなじみのあるマスクメロンなどを使ってもOKです。

4h 15min

材料《直径18cmの型1台分》

スポンジ

卵 — 3個
卵黄 — 1個
グラニュー糖 — 90g
無塩バター — 20g
牛乳 — 20g
生クリーム(35%) — 10g
水飴 — 10g
薄力粉 — 90g

デコレーション用

生クリーム(35%) — 500g
グラニュー糖 — 35g
メロン — 適量
ハーブ — 適量
好みのフルーツ — 適量

準備

- メロンを3〜4cm角の食べやすい大きさに切っておく[**A**]。
- オーブンシートを型に合わせてカットし、敷きつめておく[**B**]。
- オーブンを170℃に予熱しておく(工程**5**でスイッチを入れるとベスト)。
- 約60℃のお湯を沸かしておく。

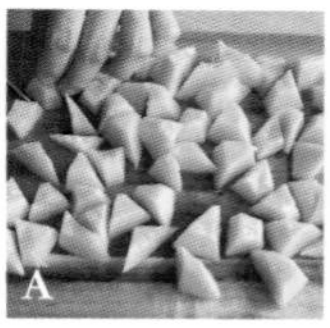

Step 1 { スポンジをつくる

ボウルに卵、卵黄を入れてホイッパーでよく混ぜ、さらにグラニュー糖を入れて混ぜる。

別のボウルに約60℃のお湯を張り、**1**のボウルを湯煎しながらよく混ぜる。卵液の温度を40℃まで温めたら湯煎から外す。

そのまま**2**のお湯で、無塩バター、生クリーム、牛乳を合わせたボウルを湯煎にかけ、バターをとかす。

2に水飴を入れ、生地を落としても3秒間跡が消えなくなるまでハンドミキサーをかける。最初は高速でまわし、生地が立ってきたら低速で2分ほどまわすとキメが整う。

ここでオーブンを170℃に予熱する。薄力粉をふるいにかけながら入れて、ボウルの底から大きく、気泡がつぶれないようにかき混ぜる。

3に**5**の生地の一部を入れてよく混ぜる。生地との相性がよくなり、気泡がつぶれにくくなる。

混ざったらボウルに戻し、底から大きく円を描くように10回ほどかき混ぜる。バターを加えたら気泡がどんどん死んでいくのであまりさわりすぎないように注意。

型に生地を流し込み、170℃のオーブンで約30分焼く。

竹串を刺して中身がついてこなかったら焼き加減はOK。約10cmの高さから一度落として中の熱い空気を抜き、網の上にひっくり返して冷ましておく。

Step 2 {生クリームを立てる

生クリームにグラニュー糖を入れてハンドミキサーで7割程度に立てる。

生クリームのボソボソ回避術

デコレーションしていると、生クリームがボソボソしてくることがあります。これを回避するためのポイントは、あらかじめ7割だての生クリームを別の容器に少しとっておくこと。ボソボソしてきたら、その生クリームを加えて混ぜるとなめらかな生クリームが復活します。バッサバサになりすぎると元に戻すことができなくなるので注意して！

生クリームは少しゆるいかなと思うくらいで止めるときれいに仕上がります。

Step 3 {ケーキを組み合わせる

スポンジの底を平らになるようにスライスする。

▼

スポンジに竹串でガイドラインをつけて均一な厚さにスライスする。

▼

7割だての生クリームをツノが立つくらいをめどにホイッパーで立てる。

▼

スポンジに生クリームを平らにのせる。スポンジからはみ出ないようにするのがポイント。

▼

キッチンペーパーで水気を取りながらメロンを並べていく。

▼

外側から約1cmくらい空けてメロンをおくのがきれいにサンドするポイント。

▼

メロンの上に生クリームを平らにぬる。

▼

スポンジをのせて平らになるように整える。

▼

Step 4 { デコレーションする

生クリームをゴムベラで3すくいほど18のケーキの上にのせる。

あれば回転台、なければお皿にケーキをのせ、くるくるまわしながらぬる。パレットを水平に構え、生クリームがスポンジに均等な厚さになるようにぬる。

側面は、最初は厚く大まかに1周ぬり、次に回転台（またはお皿）をまわしながら均等な厚さに整えていく。

側面をぬると上部に余分なクリームが出てくるので、パレットで外側から内側に平らになるようにクリームをすくい、きれいに整える。

底についた余分なクリームを取る。

しぼり袋に生クリームを入れる。もしここでクリームがボソボソになっていたら、あらかじめ取っておいた7割だての生クリームを加えて混ぜ、固さを調整する。

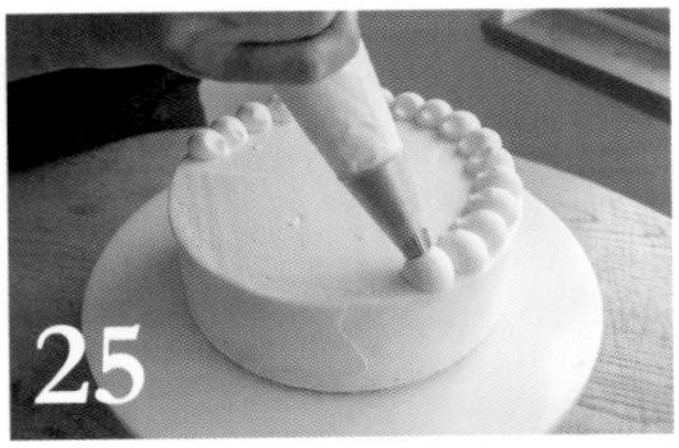

生クリームを自由にしぼってデコレーションする。

メロンやハーブ、好みのフルーツなどをかざって完成。

no.09_ *Peach compote jelly*

桃のコンポートゼリー

あまり甘くないハズレの桃を引いてしまっても
おいしくジューシーに変身させられる神レシピ。
ゼリーは、豊潤な桃の香りと、
白ワインの香りがふわっと広がる洗練された味つけに。
洋梨などでアレンジするのもおすすめです。

1day 5h 20min

材料《6個分》

桃のコンポート

- グラニュー糖 — 220g
- 水 — 630g
- 白桃 — 3個
- 白ワイン — 100g
- レモン — ½個

桃のゼリー

- 粉ゼラチン — 14g
- 冷水 — 70g
- 桃のシロップ — 800g

準備

なるべく熟れた桃を使う。熟れていなければ2～3日室温でおいておくとよい。

Step 1 { 桃のコンポートをつくる

シロップをつくる。鍋に水とグラニュー糖を入れて火にかける。グラニュー糖がとけ残らないようにときどきかき混ぜながら加熱する。

桃を半割りにして種を取り除き、皮をむく。

1のグラニュー糖がとけてふつふつとしてきたら桃を入れる。桃は変色しやすいので、シロップのタイミングと合わせてなるべく時間をおかずに鍋に入れるようにする。

白ワインを入れる。

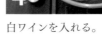

レモンの汁をしぼり、しぼったレモンも鍋に入れる。

色づけに桃の皮も一緒に煮る。きれいなピンク色になる。

日本の桃とヨーロッパの桃

日本の桃とヨーロッパの桃は色が異なります。ヨーロッパの桃は濃いピンク色をしているので色もよく出ますが、日本の桃も淡くてかわいいピンク色に。濃いめがお好みの方は、色の濃い桃を選ぶといいでしょう。

表面の桃が乾燥しないようにラップやフィルムを密着させ、ごく弱火で約1時間煮る（今回は耐熱ラップを使用したが、アルミホイルやクッキングペーパーでも代用可能）。

レモンと桃の皮を取り出し、桃をボウルに移す。粗熱が取れたらラップを密着させて冷蔵庫に約1日おき、味をしっかり染み込ませる。

Step 2 { 桃のゼリーをつくる

9

粉ゼラチンに冷水を入れてよくかき混ぜ、冷蔵庫でふやかしておく。

10

8の桃のコンポートをキッチンペーパーの上にのせて水気を切っておく。

11

こし器にキッチンペーパーを敷いて**10**の桃のシロップをこす。

12

9のゼラチンを、500Wのレンジで約30秒様子を見ながら温めてとかす。桃のシロップを少しゼラチンに入れてよく混ぜてから、桃のシロップに戻す。

ダマをつくらないコツ

冷たい桃シロップにゼラチンを一気に入れると、急激に冷えてダマになる可能性が。まずゼラチンに桃のシロップを少し入れてから、全体と混ぜ合わせるときれいに混ざります。

Step 3 { 仕上げる

13

お気に入りのカップに桃のコンポートを入れる。

14

12の桃のゼリーをカップに流し入れる。

15

約4時間冷蔵庫で冷やし固める。残ったゼリーはかざりに使うので平らな容器に入れ、同様に冷やし固める。

16

固まったら、残ったゼリーをフォークで細かくくだく。

17

仕上げに桃ゼリーの上にくだいたゼリーをのせる。お好みでハーブなどをかざって完成。

no.10_ *Lemon and honey pound cake*

レモンとはちみつのパウンドケーキ

ベルギー人はレモンのケーキが大好きです。
今回のパウンドケーキははちみつをふんだんに使い、
レモンシロップをたっぷりと染み込ませて
しっとり濃厚ながらもさわやかな味わいに仕上げました。

2h

材料《19×9cmのパウンド型1台分》

パウンドケーキ

- 無塩バター — 125g
- グラニュー糖 — 90g
- 卵 — 2個
- はちみつ — 65g
- 薄力粉 — 125g
- ベーキングパウダー — 3.5g

レモンシロップ

- レモンの皮 — 1個分
- レモン汁 — 20g
- グラニュー糖 — 100g
- 水 — 130g
- はちみつ — 25g

レモンのアイシング

- 粉糖 — 30g
- レモン汁 — 5g

準備

- 焼き上がってからはがしやすいように型にバター(分量外)をぬって薄力粉(分量外)をふるい、表面につききらなかった余分な粉を落としておく(薄力粉をふるうことで型にバターを定着させる。バターのみだと、種類によってははがれないこともあるが、薄力粉をふるっておくとどの型でも確実にはがれる)[A][B]。
- パウンドケーキに使うバターはゴムベラでつぶれるくらいのやわらかさになるまで室温に戻しておく。
- 卵は室温に戻しておく(冷えているとバターと分離しやすくなるため)。
- オーブンを160℃に予熱しておく(工程5の前にスイッチを入れるとベスト)。
- レモンは皮も使うのでオーガニックなものを使用する。

Step 1 { パウンドケーキを作る

無塩バターをゴムベラでやわらかくなめらかになるまでほぐす。

グラニュー糖を入れ、ホイッパーで白っぽくクリーム状にツノが立つまで混ぜる。

空気を含むように混ぜる

ここでしっかりバターに空気を含ませ、クリーム状になるまで立てることで卵と相性がよくなり分離しづらくなります。手がかなり疲れると思うのでハンドミキサーを使ってもOKです。

別のボウルに卵を割り、よく混ぜる。

2のボウルに3の卵を5回にわけて入れ、そのつど分離しないようにホイッパーでよく混ぜる。

失敗しないひと手間

ここで分離したまま作業を進めてしまうと、時間通りにオーブンで焼いても芯ができたり、部分的に生焼けになってしまったりすることがあるので注意。しっかりと混ぜましょう。

工程**5**に入る前にオーブンを160℃に予熱する。**4**にはちみつを入れてよく混ぜる。

5に薄力粉とベーキングパウダーをふるいにかけながら入れる。

切るようにさっくりと混ぜる。

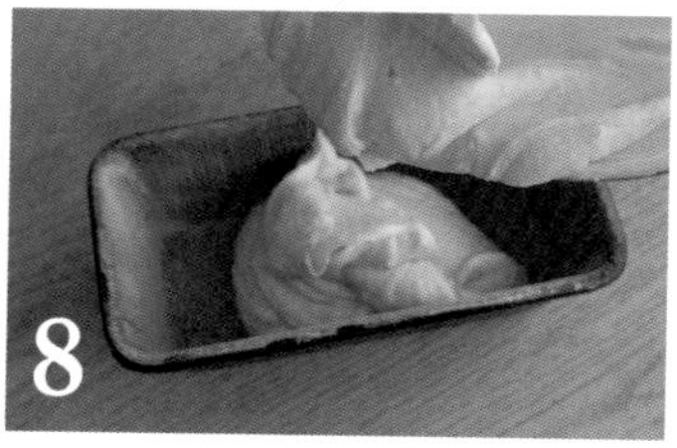

型に生地を入れる。

160℃に予熱したオーブンで約50分焼く。

レモンシロップのタイミング

パウンドケーキを焼いている最中に*Step 2*のレモンシロップをつくりましょう。シロップのできあがりとパウンドケーキの焼き上がりが同じタイミングになるのが理想的です。

焼き上がった生地に竹串を刺して中までしっかりと焼けているか確認する。生地がくっついてこなければ OK。

Step 2 { レモンシロップをつくる

レモンは皮をむき、汁をしぼっておく（レモン汁の20g分はレモンシロップに使い、5g分はアイシングで使う）。

鍋にレモンシロップの材料をすべて入れてふつふつとなるまで中火でひと煮立ちさせる。

シロップで煮たレモンの皮はかざり用にきざんでおく。レモンの皮を使うとさわやかな香りのシロップになる。

Step 3 { 熱いうちに仕上げる

パウンドケーキが熱いうちに、熱いシロップをたっぷりと打つ。パウンドケーキが冷えるとシロップが染み込まずまわりだけがべちゃべちゃとしてしまうので注意。

シロップを染み込ませたら冷ましておく。

お好みのパウンドケーキに

焼きたてを食べるとまわりはカリッと中はふんわりとしたパウンドケーキに。しっとりがお好みなら、パウンドケーキが冷めたらラップにつつみ冷蔵庫で1日寝かせるのがおすすめです。好みの食べ方を見つけてください。

アイシングをつくる。粉糖とレモン汁をダマのないように混ぜ合わせる。レモン汁を入れすぎると、ゆるくなるので注意。

アイシングをパウンドケーキにぬる。

仕上げにレモンの皮をかざったら完成。

レモンシロップがあまったら炭酸水で割ってレモンスカッシュを楽しめる。アイシングであまったレモン汁を足して飲むのもおすすめ。

Column

Les sens cielのベルギー散歩 *vol.2*

ワイルドで身近なベルギーのフルーツ

喉がかわいたときやちょっと小腹が空いたとき、日本のみなさんだったら何を口にしますか？　ベルギー人の多くは「フルーツ！」と答えるのでは？と僕は思います。というのもベルギー人にとってのフルーツは、日本よりもかなり身近な存在であり、毎日手軽に楽しむものなのです。

ベルギーのフルーツは、値段も安く、売っている種類が大変豊富です。店頭に山積みになった旬のフルーツを好きな量だけはかり売りで買うのが基本。フランボワーズやグロゼイユ(赤すぐり)、レーヌクロード(緑のプラム)、白桃と黄桃にぺったんこの桃、小ぶりなメロン、チェリーにブドウに杏に洋梨…。ゴロゴロ売られているフルーツたちは太陽の恵みをいっぱい受けているおかげでみずみずしく甘くて最高です。ヨーロッパに来て初めて目にするフルーツもたくさんありました。

食べる人の需要が多いせいか、スーパーやマルシェに売っている量も半端じゃない。それに形もきれいにそろい、ていねいに個包装される日本のフルーツと比べると、ベルギーのフルーツは少々ワイルドかもしれません。

ヨーロッパに来て間もない頃のことです。バスの中で高校生くらいの女の子がカバンからリンゴを取り出し、自分の服の袖でゴシゴシ拭いて丸かじりしているのを目撃しました。日本だったらまず見ない光景なので「おいおい、ずいぶんワイルドな子だなー」なんて思っていたのですが、今となってはごくありふれた光景のひとつです。フルーツを持ち歩く人は多く、特にリンゴはベルギー人のおやつの定番。もちろん皮もそのままいただきます。以前、リンゴを包丁で切っていたら「リンゴは丸かじりするんだよ」とベルギー人に注意され、ちょっとしたカルチャーショックだったのを覚えています。

僕が日本にいた頃は自分用にフルーツを買うことは一切ありませんでした。以前、「若者のフルーツ離れが進んでいる」というニュースを聞き、自分もそれにあてはまっているな〜と感じていたくらいです。最近ではやっとフルーツ片手に仕事をするベルギー人の気持ちが少しだけわかってきましたが…。

旅行でベルギーに来た際には、おいしいフルーツがたくさん売られているマルシェをぜひのぞいてみてください。ガブッとリンゴを丸かじりすれば、日本とはひと味違ったワイルドなよさが見えてくるかもしれません。

BELORTA

Papaye petite
Kleine papaja
3,98
1.85
12.95
Plaisir des Saveurs
,58

Chapter 3

深みのある秋のスイーツ

{ autumn }

少し肌寒くなってきた秋は、
本格的にスイーツを食べたくなる季節でもあります。
深みやコクのある濃厚なスイーツを楽しみ、
秋支度を始めましょう。
濃厚な、大人の甘いひとときを。

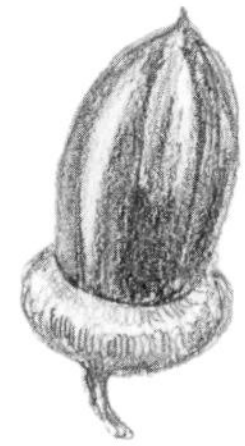

no.11_ *Waffle Liège style*

ベルギーワッフル リエージュ風

外はカリッと、中はもっちりとした絶品ワッフル。
バターがたっぷり入るため手ごねは慣れが必要ですが、
焼きたては格別なおいしさです。
ガリッとしたパールシュガーを入れて
本場ベルギーの味をお楽しみください。

1h 50min

材料《1個（65g）×８個分》

牛乳 — 65g
水飴 — 20g
グラニュー糖ⓐ — 3g
ドライイースト — 2.5g
強力粉 — 220g
塩 — ひとつまみ
グラニュー糖ⓑ — 18g
卵 — 1個
打ち粉（薄力粉） — 適量
無塩バター — 60g
パールシュガー
（ワッフルシュガー） — 120g

準備

▍無塩バターは室温に戻しておく（夏場は必要ない）。

Step 1 { 生地をつくる

ボウルに牛乳、水飴、グラニュー糖ⓐを入れ、500Wのレンジに約10秒かけ、40℃になるまで温める。さらにドライイーストを入れて軽く混ぜ、約5分放置する。

別のボウルに強力粉、塩、グラニュー糖ⓑを入れる。

2によく溶いた卵と**1**を入れる。

カードで軽くまとまるまで混ぜる。

混ぜ方のポイント
カードを使うと、ボウルについた生地をこそぎ取りながら混ぜることができるので便利です。手で混ぜると生地が指にくっついてしまうので、カードで混ぜたほうが作業性がよいでしょう。

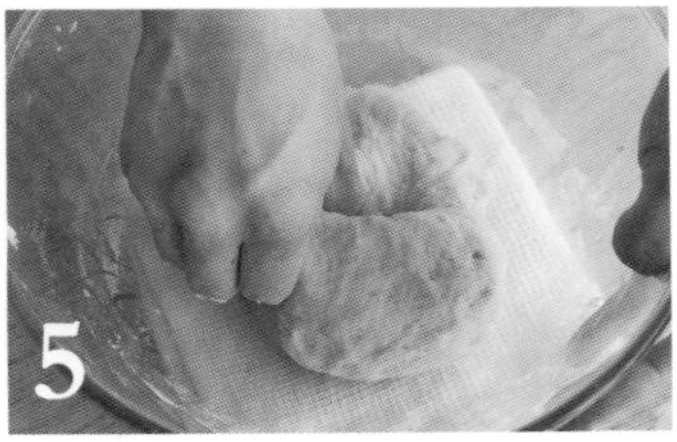

4がある程度まとまってきたら手で約3分こねる。

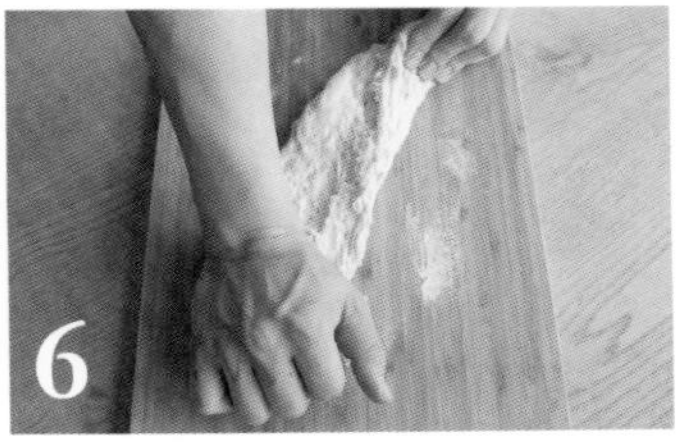

生地を板に取り出して、まずはひきちぎるようによくこねていく。ベタつくようなら打ち粉を少しする。

生地がまとまってきたら後半は丸めるようにこねる。手前から奥に転がすように約10分こね、しっかりとグルテンを出していく。

こねていくと…
だんだんツヤツヤもちもちとした生地になっていきます。

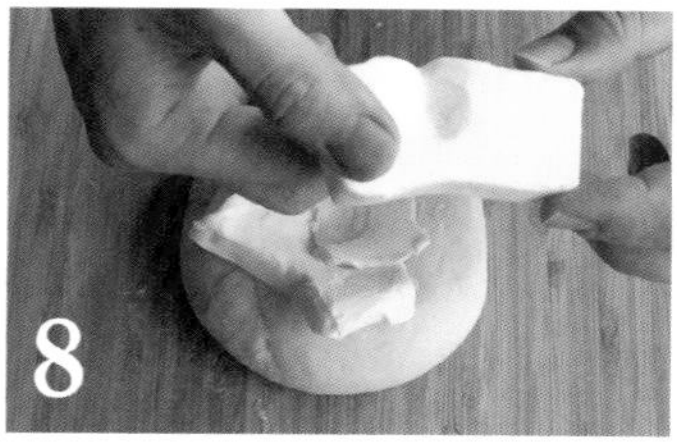

手で軽く押して跡がつくくらいまで室温に戻した無塩バターを**7**の生地の中に入れる。夏場はバターがすぐにとけ出してしまうので冷蔵庫から出したてを使う。

▼

8の生地をこねる。バターが生地になじむまでかなりねちゃねちゃとするので打ち粉をふり、カードを使いながらすくうようにまとめていく。時間をかけないよう注意。

▼

こねていくとバターがだんだんと生地全体になじんでまとまってくる。手の熱でバターがとけ出して油がにじんでくる前にこねるのをやめる。

▼

生地がひとまとまりになってきたら、パールシュガーを入れてこねていく。

▼

ベタつくようなら打ち粉をしてもOK。パールシュガーを入れると生地がまとまってくるので**9～10**の段階では少しベタつき気味でも大丈夫。

▼

生地を8分割(1個約65g)にして丸める。

▼

生地がひとまわり大きくなるくらいまで、35℃で約1時間発酵させる。

発酵の裏わざ

乾燥が気になる場合は霧吹きで軽く水を吹きかけてください。夏は暖かいところにおいておけばOK。冬場はオーブンの発酵機能を利用してもいいですし、発酵機能がない場合はオーブンの中に熱湯を入れたコップを数個置くと発酵させることができます。その場合は直接蒸気があたらないように注意して。温度が高すぎるとバターがとけ出してきてしまいます。

Step 2 { 焼く

生地がひとまわり大きく発酵したら焼いていく。

焼く前の注意点

ワッフルメーカーの火力をMAXにしてよく温めておきましょう。また、焼き始めは油を薄くぬっておくこともポイント。生地の乾燥を防ぐため、焼く直前はラップをかぶせておくとよりよいでしょう。

▼

1個あたり、約2分30秒焼いて完成(ワッフルメーカーによって火力が違うので調整しましょう)。

Tips 02

ベルギーの2つのワッフル事情

ブリュッセル風とリエージュ風

じつは、ベルギーには大きくわけて2種類のワッフルがあります。ひとつはベルギーの首都ブリュッセルの名前がついたブリュッセル風。ブリュッセル風は大きな長方形の形をしていてカリッとサクサクの軽い食感です。生地自体に甘みはほとんどなく、粉糖やチョコレートに生クリーム、ベリー系のジャム、アイスクリームなどをトッピングして食べるのが主流です。

ベルギーの家庭ではこのブリュッセル風のワッフルのほうがよくつくられていて、スーパーに行くと簡単につくれるミックス粉がずらっと並んでいます。甘みが少ないので好みでサラダやサーモン、ハムなんかをトッピングして食事系にアレンジすることもできます。

もうひとつはワロン地方最大の街リエージュが発祥のリエージュ風です。

日本でもおなじみのManneken（マネケンワッフル）をはじめ、コンビニなどでもよく売られているのがこのリエージュ風ワッフル。楕円型のモチモチとした生地の中には熱に強いパールシュガーが入っていて、カリッとした食感を楽しむことができます。左ページのレシピでも紹介していますが、じつはつくり方としてはパンに近く、焼きたては外がカリカリ、中がふっくらモチモチでとてもおいしいです。トッピングなしでそのまま食べても十分に満足することができるワッフルです。

また、リエージュ風のワッフルはよく移動販売の車で売られています。片手で食べやすいので食べ歩きにも最適で、日曜日の公園や下校時間が近づく幼稚園の前には、どこからともなくワッフルの移動販売車がやってくる…なんてこともしばしば。我慢できないくらいいい香りをプンプン漂わせながら、ワッフル片手に歩く子どもたちのかわいらしい姿をよく見かけます。

ベルギーのスーパーでは、大きな袋にリエージュ風ワッフルがいくつも入ったバラエティパックのようなものも買うことができて、日持ちもするのでいつも日本に帰るときのお土産にしています。昔はリエージュ風のほうが断然好きでしたが、最近はブリュッセル風のおいしさに気づいてきてふとしたときに食べたくなりますね。ぜひ、ベルギー観光に来られた際には現地で2つのワッフルを食べ比べてみてほしいものです。

no.12_ *Merveilleux*

ベルギー伝統菓子
メルヴェイユ

ベルギー伝統のメルヴェイユをご自宅でも簡単に。
ベーシックなレシピに加え、
抹茶・フランボワーズの３種類を考えました。
「サクッ」「とろっ」「ふわっ」の3つの味わいを
ぜひお楽しみいただきたいです。

4h 40min

材料《直径6cm×約9個分》

メレンゲ
- 卵白 — 80g（2個分）
- グラニュー糖 — 80g
- 粉糖 — 80g

3種のクリーム
- 生クリーム（35%）ⓐ — 400g
- グラニュー糖 — 28g
  （上記の分量で7割だてにし、抹茶クリームとフランボワーズクリームに120gずつ使用、残りはプレーンに使用する）

［抹茶クリーム］
- 抹茶 — 4g
- グラニュー糖 — 4g
- 生クリーム（35%）ⓑ — 25g
- 7割だての生クリーム — 120g

［フランボワーズクリーム］
- フランボワーズジャム（いちごジャムでもOK） — 35g
- 7割だての生クリーム — 120g

まわりにまぶすチョコレート
- ダークチョコレート（板） — 1枚
- ホワイトチョコレート（板） — 1枚
- ルビーチョコレート（板） — 1枚

デコレーション用
- フランボワーズやハーブ — 適量
- 抹茶パウダー — 適量
- かざり用チョコレート — 適量

準備

- オーブンシートにつくりたい大きさの直径を描いておく。こうすると大きさがそろったメレンゲができる［A］（今回は9個分つくるので18個丸を描く）。
- しぼり袋に口金（直径14㎜）をセットしておく。
- オーブンを100℃に予熱しておく（工程3でスイッチを入れるとベスト）。
- デコレーション用のチョコレートは細かくけずっておく。

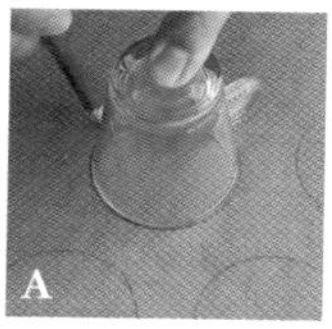
A

Step 1 { メレンゲをつくる

1

卵白にグラニュー糖を5回にわけて入れてハンドミキサーにかけ、ツノが立ちキメの整ったメレンゲにする。

▼

2

写真のようにツヤとコシのあるメレンゲにするのがポイント。

▼

3

2に粉糖をふるいにかけながら入れてさっくりと混ぜ合わせる。この作業が終わったら、ここでオーブンを100℃に予熱する。

▼

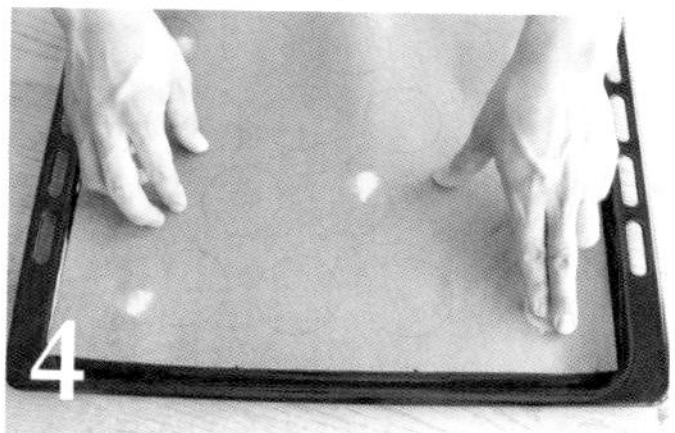
4

直径を描いた面が裏になるように天板にオーブンシートを敷く。メレンゲを天板の四隅と真ん中に少しだけしぼって接着剤にし、シートがずれないようにする。

▼

5

描いておいた直径に合わせ、なるべく薄くメレンゲをしぼっていく。薄くしぼることでメレンゲが早く乾燥して時短になる。

▼

6

100℃に予熱したオーブンで約2時間焼く。メレンゲの厚さによっても焼き時間が変わってくるので、中までさっくりとするまで様子を見ながら焼き時間を調整する。

焼き時間について

しぼったままの色・形でメレンゲを焼く場合は80℃で約4～5時間に設定しましょう。100℃で約2時間焼く場合は早く焼き上がりますが、若干メレンゲに色が入ります。

Step 2 { クリームをつくる

生クリーム❸にグラニュー糖を入れて7割だてにする。120gは抹茶クリームに、120gはフランボワーズクリーム、残りはプレーンに使用する。

▼

[抹茶クリーム]
ふるいにかけた抹茶とグラニュー糖をよく混ぜる。

▼

8に生クリーム❺を3回にわけて入れ、ダマにならないようによくすり混ぜる。

▼

7割だてにした**7**を120g 使用する。まずは**9**に少量加えてよく混ぜる。

▼

残りの7割だて生クリームをホイッパーでしっかり固めに立てる。

▼

10と**11**をよく混ぜる。

クリームは固めに

クリームがゆるいようならホイッパーでよく混ぜ、固めのクリームにしておきましょう。固めに仕上げることでメレンゲと重ねやすくなります。

▼

[フランボワーズクリーム]
7割だてにした**7**を120g使用する。まずはフランボワーズジャムに少量加えてよく混ぜる。

▼

残りの7割だて生クリームをホイッパーでしっかり固めに立てる。

▼

13と**14**をよく混ぜ合わせる。

Step 3 { 重ねて 仕上げる

[プレーン]
冷ました*Step 1*のメレンゲを作業台に並べる。**7**の生クリームをホイッパーでしっかりと固めに泡立てる。

メレンゲの上に**16**の生クリームをしぼり、その上にメレンゲをのせてサンドする。

ナイフを使ってまわりをきれいに整える。

18のまわりにけずったダークチョコレートをつける。

19の上に生クリームをしぼる。

仕上げにけずったダークチョコレートをふりかける。

[抹茶]
プレーン同様にメレンゲで抹茶クリームをサンドして形を整え、けずったホワイトチョコレートをまわりにつける。

22の上に抹茶クリームをしぼり、けずったホワイトチョコレートをふりかける。

[フランボワーズ]
プレーン、抹茶同様、フランボワーズクリームをメレンゲでサンドして形を整え、まわりにけずったルビーチョコレートをつける。

24の上にフランボワーズクリームをしぼり、けずったルビーチョコレートをふりかける。ルビーチョコレートがなければホワイトチョコレートでもOK。

最後に、お好みで抹茶パウダーをふるったり、フランボワーズやハーブ、チョコレートなどでデコレーションする。

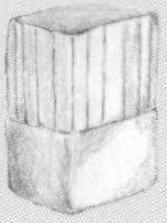

メルヴェイユの話
フランス語ですばらしい(Merveilleux)の意味を持つ銘菓

メルヴェイユはベルギーの伝統的な銘菓のひとつです(元々はベルギーと北フランスの国境がまだできていなかった頃にその地域で生まれたお菓子のようです。したがってベルギー発祥なのか、フランス発祥なのかは曖昧なところ)。

メルヴェイユはフランス語ですばらしい(Merveilleux)という意味です。さっくりほろほろなメレンゲと生クリーム、けずったチョコレートのシンプルな構成ですが、ひと口食べるとさっくりふんわりととろけて、その名の通りなんともすばらしいお菓子です。

できたてのメレンゲはザクザクと歯ごたえがあっておいしいですが、つくってから少し時間をおくとメレンゲとクリームがなじんで一体となり、ふわとろな独特の食感をつくり出します。僕が初めて食べたときは中身がどのような構成になっているのかがわからなかったので、生クリームをメレンゲでサンドしているだけだと知ったときは驚いたものです。

じつは、僕自身とメルヴェイユには深い関わりがあります。あれは、ベルギーに来て2年目の頃でした。若手パティシエの登竜門といわれるコンクールに出場させていただき、結果からいうと日本人として初優勝することができたのですが、そのコンクールの課題のひとつが「現代風のメルヴェイユを制限時間内に仕上げる」というものだったのです。ベルギーに来てまだ日も浅かったですし、メルヴェイユがどんなお菓子かもよくわからなかったのでかなり研究に没頭したという思い出があります。メルヴェイユは僕のベルギーパティシエ人生の中で、かなり印象に残っているお菓子のひとつです。

ベルギー人ももちろん、メルヴェイユが大好きで、多くのパティスリーやカフェ、スーパーのスイーツコーナーでも見かけることからもその人気の高さがうかがえます。

今回、本書では伝統的なメルヴェイユに加え、抹茶味とフランボワーズ味の3種をご自宅で簡単にトライできるようにレシピを考案しました。みなさんのお口に合うように甘いメレンゲとの相性も考えクリームの甘さは控えめに、サイズもころんと小さめにしたので、並べてみるとかわいさが倍増します。ちなみにベルギーで売っているメルヴェイユはサイズもかなり大きく、日本人にはブラックコーヒをお供につけないとひとつ食べ切るのがまぁまぁ大変です(笑)。

no.13_ *Secret mille crêpe*

こだわり抹茶の
ミルクレープ

再生回数200万回超えの人気レシピを見直し、
もっとつくりやすく失敗しないようにアレンジしました。
カスタードクリームやホワイトチョコを使った深みと
コクのある抹茶クリームはパティスリーにも負けない
こだわりのクリームです。

7h 35min

材料《直径15cmの型1台分》

カスタードクリーム

- 牛乳 — 150g
- バニラビーンズ — 1/4本
- 卵 — 1個
- 卵黄 — 1個
- グラニュー糖 — 40g
- 薄力粉 — 15g
- 無塩バター — 15g

クレープ生地（約15枚分）

- 卵 — 4個
- 薄力粉 — 75g
- グラニュー糖 — 12g
- 塩 — ひとつまみ
- 牛乳 — 200g
- 生クリーム（35%） — 20g

抹茶クリーム

- ホワイトチョコレート — 200g
- 抹茶 — 12g
- 生クリーム（35%）ⓐ — 200g
- 生クリーム（35%）ⓑ — 200g
  （7割だてにする）

コーティング

- ダークチョコレート
  （カカオ50～60%） — 180g
- ココナッツオイル — 60g
- 抹茶パウダー — 適量
- 金粉 — 適量

準備

- 型の底にラップを敷き、ケーキフィルムをはめ込んでおく。
- 板チョコを使う場合は前もってきざんでおく。

Step 1 { カスタードクリームをつくる

25ページと同じ手順でカスタードクリームをつくっておく。ただし、粉ゼラチンと冷水は入れなくてOK。粗熱が取れてから冷蔵庫で約2時間冷やす。

Step 2 { クレープ生地をつくる

ボウルに卵を割りホイッパーでよく混ぜる。

別のボウルに薄力粉をふるいにかけながら入れ、グラニュー糖、塩を入れてホイッパーでよく混ぜる。

3に**2**を2回にわけて入れて混ぜる。1回目はホイッパーでしっかりと混ぜてグルテンを出す。

さらに牛乳、生クリームを入れてよく混ぜる。

網でこしてダマのないなめらかな生地にする。

ラップを密着させ、涼しいところで約1時間休ませる。こうすることで粉がなじみ、きれいな焼き色がつく。

フライパンを中火で熱して薄く油（分量外）をひき、濡れ布巾に約2秒おいてフライパンの温度を一定にする。濡れ布巾においたとき「シュワー」と蒸気が上がるくらい熱す。

生地がフライパン全体に行きわたるように、なるべく薄く均一に広げる。

約40秒経ち、生地のまわりがフライパンからはがれてきつね色になったら裏返すタイミング。竹串などで生地をはがしながら一気にひっくり返す。

裏面は約15秒熱する。

同じ方法で焼いていき、乾いた布巾につつんで冷ます。

Step 3 { 抹茶のクリームをつくる

500Wのレンジでホワイトチョコレートを約20秒温め、これを数回くり返し、40℃になるようにとかしていく。

> 一気にとかさない！
> 一気にとかそうとするとこげることがあるので数回にわけてゆっくりとかしましょう。⅔ほどとけたら5分放置してから混ぜると余熱できれいにとけきります。

抹茶をふるいにかけたら生クリーム**a**を3回にわけて加える。ダマにならないようにそのつどよく混ぜる。

14を40℃に調整した**13**に3回にわけて入れ、よく混ぜる。

> 1回目は手早く混ぜる
> 最初の1回は乳化させる必要があるので、ホイッパーで手早くしっかりと混ぜましょう。そうすると生クリームとチョコレートが混ざり合いツヤが出てトロッとします。3回目はゴムベラに持ち替え、底から混ぜましょう。

1のカスタードクリームがしっかり冷えたら、ゴムベラでほぐす。生クリーム**b**を7割だてにし、3回にわけて入れてよく混ぜる。

16に**15**を3回にわけて入れてよく混ぜる。

Step 4 クレープとクリームを重ねる

クレープを型のサイズに合わせてカットする。パイカッターがあると便利。なければナイフでもOK。

ケーキフィルムをはめた型にクレープを1枚入れ、抹茶クリームをゴムベラやパレットなどで均一に薄くぬる。

19の作業を15段ほど繰り返したら型を外し、冷凍庫で約2時間しっかり固める。

美しく仕上げるコツ
ここでしっかり固めておくと崩壊しにくくなり、コーティングもきれいにかかります。

Step 5 チョコでコーティングする

コーティングチョコをつくる。ダークチョコレートを500Wのレンジで約20秒温め、これを数回くり返してとかす。

とかしたチョコレートにココナッツオイルを入れてよく混ぜ、30℃まで冷ましておく。

ココナッツオイルの効果
ココナッツオイルを入れることでチョコレートがサラサラになり、ケーキをきれいにコーティングすることができます。

20のケーキがしっかりと固まったらケーキフィルムをはがして逆さにひっくり返す。

網の上にケーキをのせ、上からチョコレートをまんべんなくかけてコーティングする。

1回で薄いと感じたら、一度ケーキを冷蔵庫に入れてまわりを固めた後、網の下に落ちたコーティングチョコをかき集めてもう一度30℃に調温し、二度がけする。

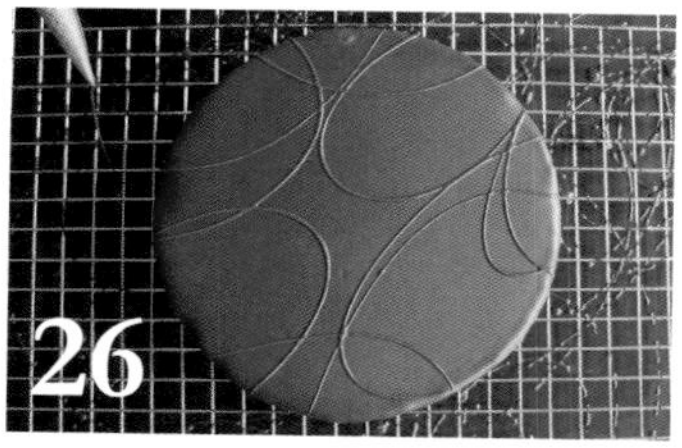

20℃まで冷めたコーティングチョコをコルネ（つくり方は右ページ参照）に入れて線を描いてデコレーションする。

コーティングがしっかりと固まったら抹茶パウダーや金粉などでデコレーションする。円形のものをかぶせて抹茶パウダーをふると、三日月型に色がつく。

Tips 04

コルネのつくり方

コルネとは、三角形の紙をくるくると巻いてつくる「しぼり袋」のこと。
口金を使うしぼり袋よりも細くて繊細な線を描くことができます。
左ページにも登場したコルネの作り方をていねいに解説します。

1

正方形のオーブンシートやOPPシートなどを対角線上に斜めにカットし、二等辺三角形をつくります。一番長い辺の中心がコルネの先端になるのをイメージしてください。

▼

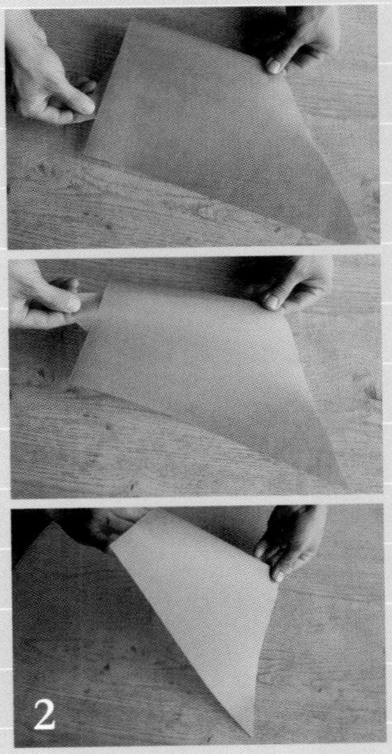
2

一番長い辺の中心を指で固定しながら、サイドを内側にくるくると巻き込んでいきます。

▼

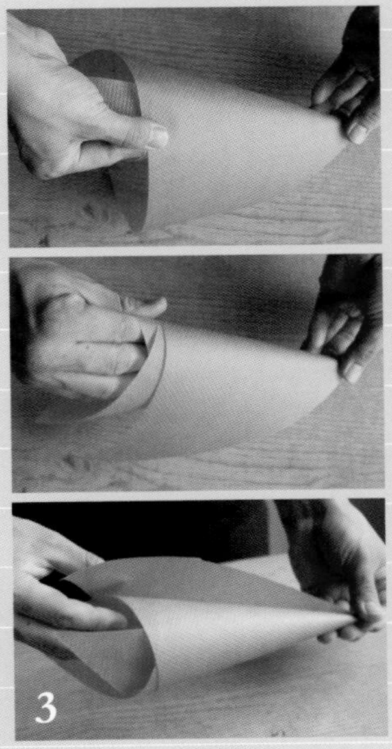
3

先端が尖るのを意識し、紙を内側にキュッと締めながらくるくる巻きます。

▼

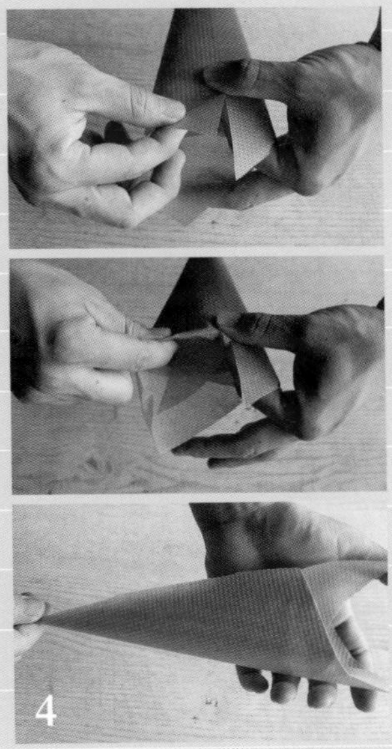
4

円すい状に巻けたら、巻き終わり（一番外側にある紙）を内側にたたんで完成です。

no.14_ *Hojicha scented crème brûlée*

ほうじ茶の香ばし
クレームブリュレ

ほうじ茶独特の香ばしい深みのある香りと
濃厚なクリームの相性は抜群。
ベルギーではほうじ茶はポピュラーではありませんが、
ほうじ茶のすばらしさをベルギー人にも伝えたいと
考え出したスイーツです。

2h 40min

材料《1個100g × 5個分》
牛乳 — 135g
ほうじ茶の茶葉 — 6g
生クリーム(35%) — 280g
卵黄 — 4個
グラニュー糖 — 40g
グラニュー糖や
　カソナードなど — 適量

準備

▎オーブンを130℃に予熱しておく(工程7でスイッチを入れるとベスト)。

Step 1 { 生地をつくる

鍋に牛乳を入れて弱火にかけ、沸騰直前まで温める。

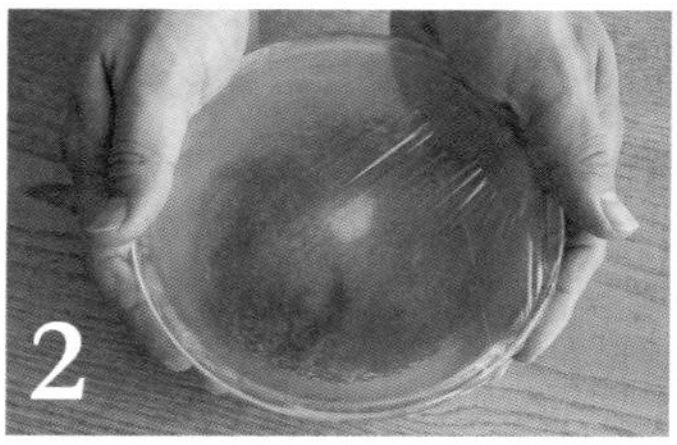

容器に茶葉を入れて1を注ぎ、ラップでふたをして約5分蒸らす。

2をこして茶葉を取りのぞき、もう一度鍋に戻して茶葉に吸われた分の重さをはかる。

110gに満たなければ牛乳(分量外)を追加で加え、110gになるよう調整する。

4に生クリームを加えて弱火にかけ、沸騰直前まで温める。

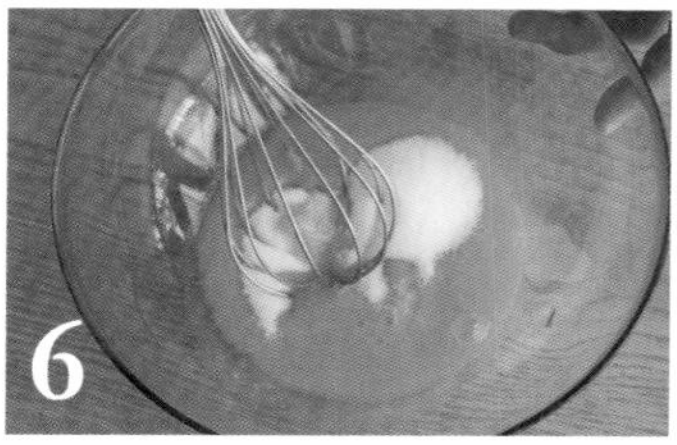

ボウルに卵黄、グラニュー糖を入れてよく混ぜる。

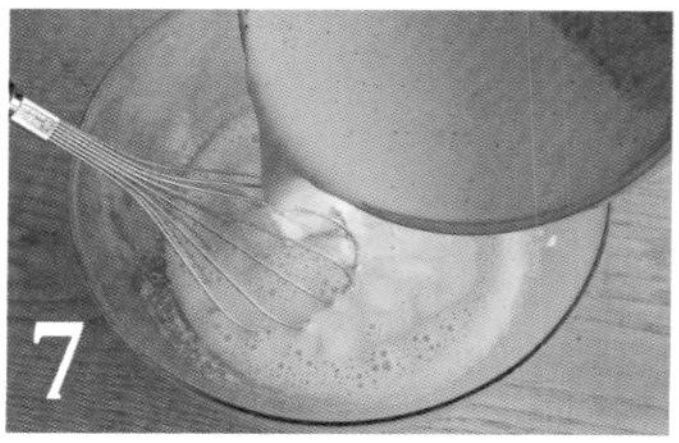

6に5をよくかき混ぜながら少しずつ加える。合わせ終わったときの生地の温度は65℃が理想的。ここでオーブンを130℃に予熱する。

容器に均等に生地を流して天板に並べ、天板に熱湯を注ぐ。目安は容器が半分熱湯につかるくらい。

130℃に予熱したオーブンで35〜40分湯煎焼きにする。粗熱が取れたら冷蔵庫で約2時間よく冷やしておく。

Step 2 { キャラメリゼする

クレームブリュレの表面をキャラメリゼする。グラニュー糖や、コクのあるカソナードなどお好みの砂糖を冷えたクレームブリュレの表面に薄くまぶす。

▼

バーナーで表面をとかし、こげ目を徐々につけていく。

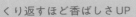

くり返すほど香ばしさUP

カリッと厚めのキャラメリゼがお好みでしたら、もう一度グラニュー糖を薄くまぶし、バーナーであぶってこげ目をつける作業をくり返します。3回くり返すと写真のような香ばしいこげ目になります。

Mini Tips

クレームブリュレの由来

ブリュレ(brûlée)はフランス語でこげたという意味で、直訳すると「こげたクリーム」となります。その名の通り、上面の砂糖をバーナーであぶりこがして食べるお菓子ですが、卵黄のみを使うのでプリンよりもねっとり濃厚な味わいです。カリカリのキャラメルをスプーンでくずしクリームと絡めて食べると食感も楽しめます。

no.15_ *Melting matcha mousse and rare cheese*

くちどけ抹茶ムースとレアチーズ

スーッととけてなくなるようなくちどけ抹茶ムース。
卵黄ベースなので濃厚で深みがありますが、
レアチーズと合わさると後味はすっきりとします。
ちなみにベルギーでも抹茶は広く知られていますが、びっくりするほど薄めです。

8h

材料《直径15cmの型1台分》

Ⅲ クリスピーショコラ

- クッキー(ほろほろなクランブルクッキーなど) — 100g
- ホワイトチョコレート — 100g
- ココナッツオイル — 10g

Ⅲ 抹茶のムース

- 粉ゼラチン — 3g
- 冷水 — 15g
- 卵黄 — 2個
- グラニュー糖 — 32g
- 牛乳 — 75g
- 生クリーム(35%)ⓐ — 75g
- 抹茶 — 8g
- 生クリーム(35%)ⓑ — 60g (7割だてにする)

Ⅲ レアチーズ

- 粉ゼラチン — 4g
- 冷水 — 20g
- クリームチーズ — 120g
- 粉糖 — 20g
- 無糖ヨーグルト — 33g
- 生クリーム(35%) — 100g (7割だてにする)

Ⅲ 抹茶ミルクゼリー

- 粉ゼラチン — 2g
- 冷水 — 10g
- 練乳 — 60g
- 抹茶 — 5g
- 牛乳 — 60g

Ⅲ デコレーション用

- 練乳 — 適量

準備

▎型にケーキフィルムを入れ込んでおく[A]。

▎板チョコを使う場合は前もってきざんでおく。

Step 1 { クリスピーショコラをつくる

45ページと同じ手順でクリスピーショコラをつくる。

▼

型にクリスピーショコラを流して平らにし、冷蔵庫に約20分入れて冷やし固める。

Step 2 { 抹茶のムースをつくる

粉ゼラチンに冷水を入れてよく混ぜ、冷蔵庫でふやかしておく。

▼

ボウルに卵黄、グラニュー糖を入れてホイッパーでよく混ぜる。

▼

鍋に牛乳、生クリームⓐを入れて弱火で沸騰直前まで温め、火を止める。

▼

4のボウルによく混ぜながら**5**を少しずつ注ぐ。

▼

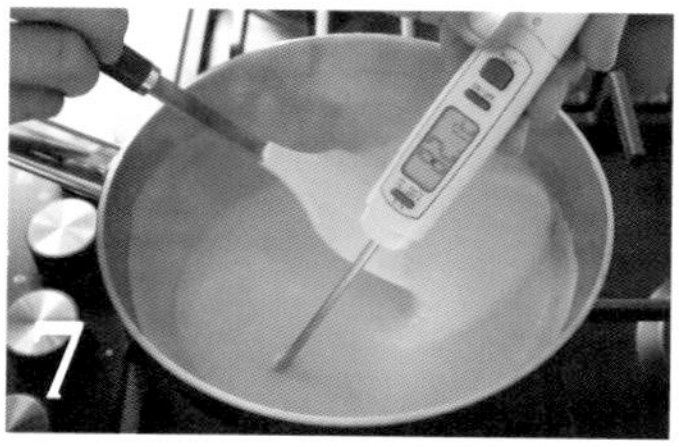

6を鍋に戻し、もう一度弱火にかけてゴムベラでよく混ぜながら温度を82℃まで上げて火からおろす。

3のゼラチンを**7**に入れてよく混ぜる。

8を容器に移して40℃になるまで冷ましておく。

抹茶をふるいにかけながら**9**に加え、よく混ぜる。

10をこしながらボウルに移し、ダマがなくなるようによく混ぜて冷ましておく。

生クリーム❺を7割だてにし、30℃まで冷めた**11**と合わせてムラのないようによく混ぜ合わせる。

2のクリスピーショコラの上に流して平らにならし、冷やし固める。目安は冷蔵庫で約3時間。もしくは冷凍庫で約1時間。

Step 3 { レアチーズをつくる

15ページと同じ手順でレアチーズをつくる。ただし、分量は85ページ通りにすること。

13の抹茶のムースの上に流して平らにならし、冷蔵庫で約2時間。もしくは冷凍庫で約30分冷やし固める。

Step 4 { 抹茶ミルクゼリーをつくる

粉ゼラチンに冷水を入れてよく混ぜ、冷蔵庫でふやかしておく。

練乳にふるった抹茶を入れてダマにならないようによく混ぜる。

牛乳を500Wのレンジで約20秒温め、**17**に2回にわけて入れ、よく混ぜる。

16のゼラチンを500Wのレンジで約20秒温めてとかし、**18**に入れてよく混ぜる。

15のレアチーズがしっかり固まったら型を外す。

19を流して冷蔵庫で約1時間冷やし固める。

Step 5 { デコレーションする

ケーキフィルムを外し、練乳で線を描くなど、自由にデコレーションして完成。

Column

Les sens cielのベルギー散歩　*vol.3*

パティシエになるには？

最近、「パティシエになるには専門学校に行くのと行かずに就職するのとどちらがいいですか？」という質問をたくさんいただきます。これはとてもむずかしい質問です。結論からいうと、どちらの道も正解。僕は、自分に合った道へ進めばいいと思っています。

僕の場合は、高校卒業後すぐにお店に就職しました。同世代より数年早いスタートを切ったので仕事を覚えるのは早かったですが、お菓子は化学実験のような側面があり、理論を理解していないゆえの失敗もありました。その点、専門学校に行けば、まず製菓理論から学ぶことができます。ちょうど就職して10年目に「やっぱり専門学校に行きたい」と迷ったこともありましたが、「今さら行ってどうするの？」と周囲に止められました。その後、働きながら独学で製菓衛生師の資格を取得するなどして、今ではこうしてベルギーでパティシエとして働くことができています。今だから思いますが、一度パティシエの世界に入ったら優劣がつくことはありません。すべては本人のやる気次第なので、自分に合った進路を見つけてほしいなと思います。

ベルギーの製菓専門学校にはスタージュ（研修）制度というものがあり、入学後パティスリーに研修に行き、単位を取る方法が一般的です。つまり授業ではなく、現場に行って生きた仕事を体感して学習するのです。優秀なスタジエ（研修生）はそのまま引き抜かれることも多く、卒業後は即戦力として働くことができるため、学校にとってもパティスリーにとっても学生にとっても非常にいい制度だと思います。授業は現場が多いので、学費もとても安いそうです。

そうそう、日本では大人になると学生をやり直すのに勇気がいるかもしれませんが、ベルギーでは40歳を超えたスタジエもたくさんいます。やる気さえあれば年齢は関係なく転職がしやすい環境が整っており、みんな目的を持って、意識高く勉強をしている印象です。また、もし自分に合わないなと感じたらすぐに次の職業へと切り替えます。ベルギー人はむだな時間を過ごすことを好みません。就職する前に自分に合った職業かを判断できるのもこの制度のメリットといえそうです。日本の専門学校にもスタージュ制度が導入されれば、進路に悩む人が減るのではないかなといつも思います。

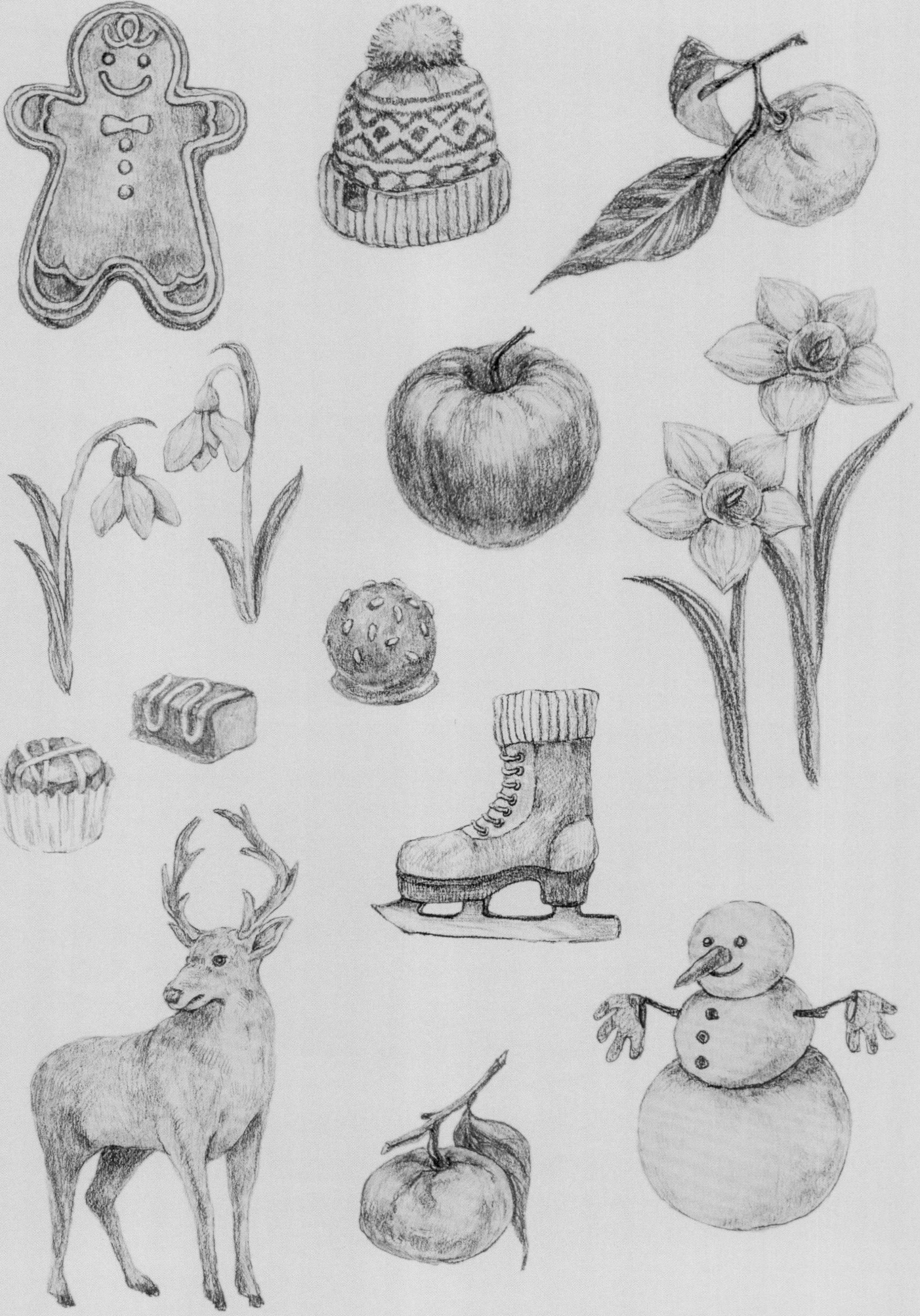

Chapter 4

ぜいたくな冬のスイーツ
{ winter }

本場ベルギーのチョコレートに、
クリスマスや催事にもおすすめの華やかなスイーツ。
寒い冬、温かい飲み物と一緒に
ほっこりと楽しみたいスイーツを紹介します。
冬のごほうびをじっくり楽しんで。

no.16_ *Matcha chocolate fondant*

抹茶のフォンダンショコラ

こちらはYouTube初投稿の思い出深いスイーツです。
ずっしり濃厚なチョコケーキの中から
抹茶ガナッシュがとろ〜っととろけ出てきます。
寒い冬に温かい飲み物と一緒にどうぞ。

7h 25min

材料

《直径51㎜のシリコン型11個分》

抹茶のガナッシュ（直径34㎜）

- 抹茶 — 6g
- 生クリーム（35%）— 90g
- ホワイトチョコレート — 90g

チョコレート生地（直径51㎜）

- 卵 — 4個
- グラニュー糖 — 90g
- ダークチョコレート（カカオ50〜60%）— 150g
- 無塩バター — 85g
- 薄力粉 — 65g

準備

- オーブンを150℃に予熱しておく（工程**11**でスイッチを入れるとベスト）。
- 大きいシリコン型（直径51㎜）と小さいシリコン型（直径34㎜）を2つ用意する（大きいシリコン型がない場合は耐熱容器でも代用可能。大きすぎると焼き時間の調整がむずかしくなるので、ブリュレのココットやプリンカップ程度の大きさがおすすめ）。
- 板チョコを使う場合は前もってきざんでおく。
- 約60℃のお湯を沸かしておく。

Step 1 { 抹茶のガナッシュをつくる

1 抹茶をふるいにかけながらボウルに入れる。

2 生クリームを**1**に3回にわけて入れ、ダマにならないようによくすり混ぜる。

3 ホワイトチョコレートを500Wのレンジで約30秒数回にわけて、様子を見ながら少しずつとかす。⅔ほどとけたらかき混ぜながら余熱でとかす。

4 **3**のとかしたホワイトチョコレートの中に**2**を3回にわけながら加え、まずはゴムベラでよく混ぜる。

5 次にホイッパーに持ち替えてよく混ぜ、乳化させる。

6 しぼり袋に**5**を入れ、小さいシリコン型（直径34㎜）に流し入れて冷凍庫でしっかりと固める。目安は約4時間。

Step 2 { チョコレート生地をつくる

7

ボウルに卵を割り入れてホイッパーでなるべく空気が入らないように混ぜ、さらにグラニュー糖を入れてよく混ぜる。

8

7を約60℃の湯煎にかけながら40℃まで温度を上げる。

9

別のボウルにダークチョコレートと無塩バターを入れ、500Wのレンジで約20秒温める。様子を見ながらこれを数回くり返し、40℃にしてよく混ぜ、乳化させる。

10

9に**8**を3回にわけて入れ、よく混ぜる。卵を加えると分離するので毎回しっかりと混ぜ合わせて卵とチョコレートをきれいに乳化させるのがポイント。

11

薄力粉をふるいにかけながら入れ、ホイッパーで混ぜ合わせる。ここでオーブンを150℃に予熱する。

12

しぼり袋に**11**を入れ、大きいシリコン型（直径51㎜）に生地を8割くらいまで流していく。

Step 3 { 仕上げる

13

6の抹茶のガナッシュを小さいシリコン型から外して**12**に入れていく。大きいシリコン型がない場合は耐熱容器を大きいシリコン型と見立てて焼くことも可能。

14

150℃に予熱したオーブンで約10分焼く。

焼き時間を調整する

容器の大きさに合わせて焼き時間はややのばしたり、縮めたり調整してください。生地全体が少し盛りあがってきたら、焼き上がりのサイン。

▼

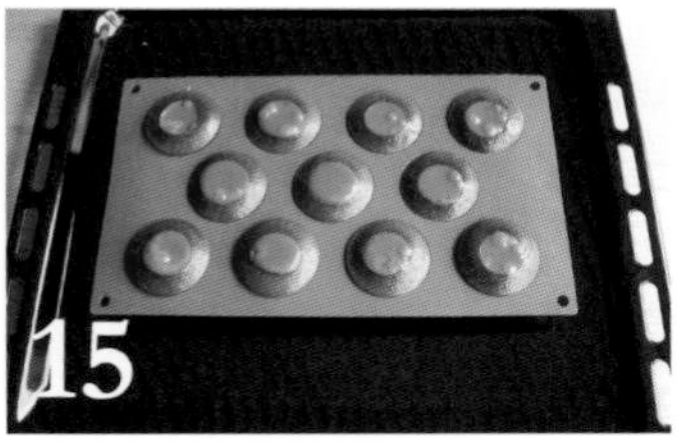

15

シリコン型の場合は粗熱が取れたら冷蔵庫で約2時間冷やす。耐熱容器の場合はそのまま食べてもよいが、やけどに注意。

▼

16

生地がしっかりと冷えたら型から外して完成。

Mini Tips

もっとおいしい食べ方

生地がやわらかくてシリコン型から外しづらい場合は冷凍庫に少し入れて固めると、取り外しやすくなります。

もちろん冷たいままでもおいしいですが、食べる直前にレンジで約10～20秒温めると、中のガナッシュがトロッとしてさらにおいしくなります。耐熱容器でつくった場合はスプーンでお召しあがりください。

Tips 05

レンジでできる
テンパリング

ボンボンショコラやチョコ細工をつくる際、
テンパリングをマスターしていると
自宅でも格段に美しいチョコレートをつくることができます。
ここからは実際にパティシエが行う簡易的なテンパリング方法をご紹介します。

■テンパリングって何？

みなさんは「テンパリング」と聞くと何を想像しますか？
ショコラティエが大理石の上でシャカシャカと何やらしているのを想像する方が多いでしょうか。
もしかしたら、「だいたいテンパリングって？」と疑問に思っている方もいるかもしれません。
一言で説明するのはなかなかむずかしいですが、要はテンパリングとは、
「チョコレートを調温していい状態の“結晶”をつくってあげることにより、
口あたりがよく、ツヤのある美しいチョコレートにすること」です。
今回は、せっかくの機会なので少々詳しくテンパリングの話をしていきたいと思います。

■チョコレートの結晶

まずはチョコレートの“結晶”についての話から始めさせてください。
少し専門的な話になりますが、チョコレートのなかにはⅠ～Ⅵ型(1～6型)までの
6種類の結晶が存在しています。それぞれ性質や形が異なり、融点や安定性もさまざまです。
特に、チョコレート結晶のなかでもⅠ～Ⅳ型(1～4型)は融点が低く、不安定な結晶といわれています。
また、Ⅵ型(6型)の結晶は最も安定していますが、
融点が高くブルーム(チョコレートが白くなること)の元凶となります。

■Ⅴ型(5型)を目指すテンパリング

では、私たち人間が食べて一番おいしいと感じるのは、
一体何型のチョコレート結晶なのでしょうか？ 答えはⅤ型(5型)です。
Ⅴ型の結晶は食べたときにパリッとして口どけがよく、ツヤがあり美しいチョコレートになります。
もう勘のいい方はお気づきかもしれませんね。そう、テンパリングとは、チョコレートを調温し、
一番いい状態とされているⅤ型(5型)の結晶をチョコレート全体につくることをいうのです。
たとえば、お菓子づくりによく使われるクーベルチュールチョコレートは、
すでに完璧なⅤ型(5型)の結晶になっています。

■テンパリングをマスターしよう！

今回紹介する「レンジでできるテンパリング」を使えば、
誰でも自宅でテンパリングチョコレートをつくることができます。
ポイントはベストな状態のV型(5型)をくずさないようにとかすことです。
次のページからやり方を解説していきますので、ぜひチャレンジしてみてください。
さて、始める前の注意点がひとつ。この方法は少量のテンパリングにはおすすめですが、
大量のチョコレートをテンパリングする場合には向きません。量が多いとレンジでとかすのに
時間がかかりすぎて効率的ではないからです。慣れるまでは練習が必要になるかと思いますが、
ぜひマスターしてショコラティエ顔負けのチョコレートをつくってみてください。

■始める前に…

○テンパリングでは、V型(5型)の結晶のチョコレートをつくることを目指します。
○V型(5型)の結晶は34℃以上でこわれてしまいます。
　34℃以下ですべてのチョコレートをとかしきることをイメージしてください。
○レンジを使うので、油断するとすぐに34℃を超えてしまいます。
　初心者でまだ慣れていないうちはひとつ下の33℃以下でとかすイメージを持って臨むと安心です。

用意するもの

[絶対に必要な道具]

[A]温度計
できればセンサータイプが、すぐに測れるので作業性がいいです。

[B]ゴムベラ
混ぜるときに使います。

[C]電子レンジ対応容器
耐熱のプラスチックボウルがおすすめです。なければほかの耐熱容器でもOKですが形状はボウル状のものが好ましいです。角があるとその部分がこげてしまう可能性があります。

[あると便利な道具]

[D]ビニールシート
チョコレートコーティングをしたものをおくときに便利。ホームセンターのテーブルクロス売り場などに売っています。

→次のページから「レンジでできるテンパリング」を始めましょう。

テンパリングの方法

1

耐熱ボウルにチョコレート（今回は300gのチョコレートを使用）を入れる。板状のチョコレートを使う場合やタブレットが大きい場合は、包丁でなるべく細かくきざむ。

▼

2

レンジの中心にボウルをおき、500Wで約30秒ずつ温め少しずつとかしていく。

写真では300gのチョコレートを使用していますが、もっと量が少ないときは約10〜15秒ずつ、こまめに様子を見る必要があります。

▼

3

500Wで約30秒ずつ温めるのをくり返す。毎回ボウルをゆするようにしてチョコレートの位置を動かしていく。

▼

4

1〜2回目ではあまり変化がないが、3〜4回目あたりで少しずつチョコレートがとけだし、タブレット同士がくっついてくる。

▼

5

5〜6回目あたりで中心のチョコレートがとけ始める。ここで温度を測る。

▼

6

中心の温度を測ると35℃超。対してまわりのチョコレートは30℃前後。この状態でこのままさわらず、約5分放置し、余熱でとかしていく。

▼

7

5分放置後、ゴムベラで全体をゆっくり大きく混ぜていく。

混ぜすぎない！

あまりガチャガチャ混ぜないでください。さわりすぎると結晶過多になって重たく扱いづらいチョコレートになってしまいます。扱いやすいのは流動性の高いチョコレート。流動性を保つためにもゆっくりと空気を入れないように優しく混ぜましょう。

チョコレートと温度

このとき35℃の部分が全体の⅔くらい、30℃の部分が⅓くらいだと一発でうまくいく可能性が高いです。V型（5型）の結晶は34℃を超えるとこわれてしまいます。このときの中心の結晶はこわれ始めていますが、まわりのチョコレートにはまだV型の結晶が多く存在しています。この状態で放置することでまわりのV型の結晶が中心の結晶を引っ張り、全体をV型のいい状態に持っていってくれるのです。

▼

テンパリングチェック

余熱で全体をとかして、もう一度温度を測る。34℃以下であることを確認する。34℃以下ならテンパリング成功！

とけきらなかったら…
もしここで全体がとけきらなかったら、約10秒ずつ様子を見ながらもう一度レンジにかけます。このとき、チョコレート全体が34℃を超えないように特に注意してください。本当に少しずつ少しずつ様子を見ながらとかしていきます。34℃を超えたらテンパリング失敗です。残念ながらレンジではリカバリーできないので注意！

テンパリングチェックは、パレットや包丁にチョコレートを薄く垂らして固まるスピードが遅くないか、ブルーム（チョコレートが白くなること）が出ないかを見ます。冷蔵庫には入れずに室温（20℃前後）でチェックしたほうが正確です。テンパリングが成功していれば5分くらいですぐに固まってくるはずです。

型に流してチョコレートに

コルネでしぼってツリーに

no.17_ *Coffee ganache chocolate bonbon*

コーヒーガナッシュのボンボンショコラ

バレンタインに向けた本格的なボンボンショコラ。
甘いものが苦手な方にも喜んでもらえるように
ほろ苦いコーヒーガナッシュで仕上げました。
ぜひテンパリングを習得して、
大切な方へのプレゼントにしていただきたいです。

1/2 day 4h 30min

材料《直径3cm×24個取りのプラスチック型1枚分》

Ⅲ デコレーション

- ホワイトチョコレート — 適量（テンパリングをとる）
- ダークチョコレート — 適量（テンパリングをとる）
- 銀箔や金箔、金箔スプレーなど — お好みで

Ⅲ コーティング用チョコレート

- ダークチョコレート（カカオ55%）（テンパリングをとる）— 約500g

Ⅲ コーヒーガナッシュ

- コーヒー豆 — 4g
- 生クリーム（35%）— 90g
- インスタントコーヒー — 0.5g
- ダークチョコレート（カカオ55%）— 110g
- ミルクチョコレート（カカオ33%）— 25g
- 無塩バター — 25g

準備

▎チョコレートづくりの理想の環境は室温20℃前後、湿度40%前後。

▎型はシリコン型よりもプラスチック型のほうが、ツヤが出やすく作業もしやすい。

▎型についた油分（指紋など）を中性洗剤となるべくやわらかいスポンジでしっかりと落としておく（こうするとショコラに輝きが出る）。

▎型が完全に乾いたらアルコールスプレーを吹きかけ、くもりのないようにコットンでキュッキュッとよく磨いておく。

▎ホームセンターなどで売っている透明のテーブルクロスなどを敷いておくと落ちたチョコレートの片づけがしやすいのでおすすめ。

▎コーティング用とデコレーション用チョコレートはそれぞれテンパリング（やり方は98ページ参照）をとっておく。

▎板チョコを使う場合は前もってきざんでおく。

Step 1 { 表面をデコレーションする

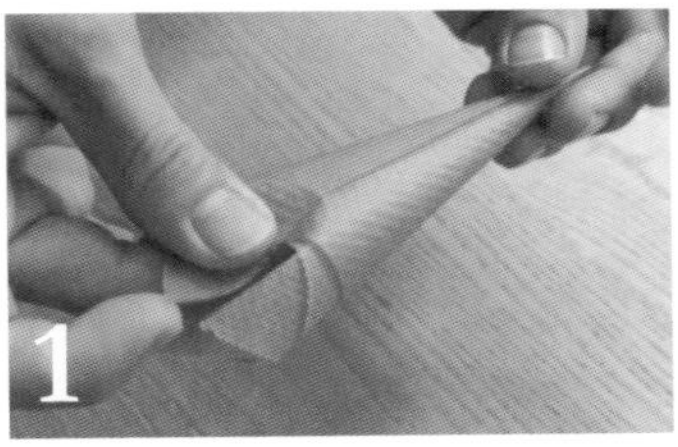

1

オーブンシートでコルネ（つくり方は79ページ参照）を2つ作り、それぞれテンパリングをとったホワイトチョコレートとダークチョコレートを入れる。

▼

2

さまざまなパターンで表面をデコレーションしていく。まずはコルネでホワイトチョコレートの線を描き、筆を使って型に模様をつける。

▼

3

コルネを使って、ダークチョコレートを半分だけ型に入れる。表面につききらなかったチョコレートを落とし、型の表面にダークチョコレートを薄くコーティングする。

▼

4

金箔スプレーや、金箔、銀箔を使って自由にデコレーションする。デコレーションが終わったら、型からはみ出た余分なチョコレートはカードやスパチュラでこそぎ取る。

Step 2 { チョコレートを入れる

5

テンパリングをとったコーティング用チョコレートを型に手早く流す。

▼

6

空気が抜けるように型の横を数回たたく。

▼

7

一気に逆さにして型をたたき、チョコレートが固まるまで逆さのまましばらく待つ。落ちた余分なチョコレートは固めて取っておく。

▼

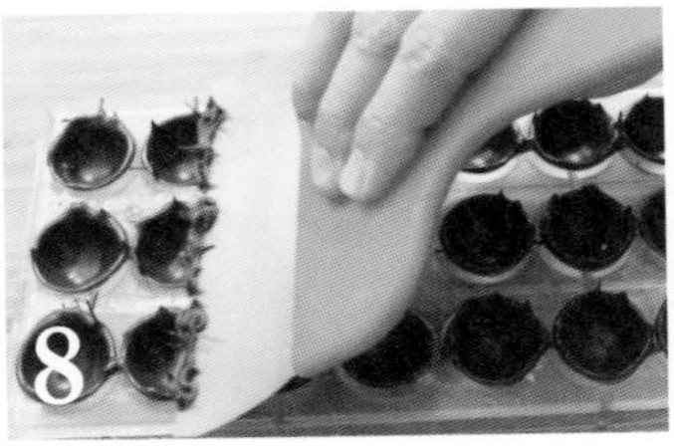

8

チョコレートが固まったら型からはみ出た余分なチョコレートをスパチュラやカードでこそぎ、15～18℃前後の涼しい場所で半日程度ゆっくりと時間をかけて固める。

Step 3 { コーヒーガナッシュをつくる

コーヒー豆をきざむ。

きざんだコーヒー豆と生クリームを鍋に入れて、沸騰直前まで弱火にかける。

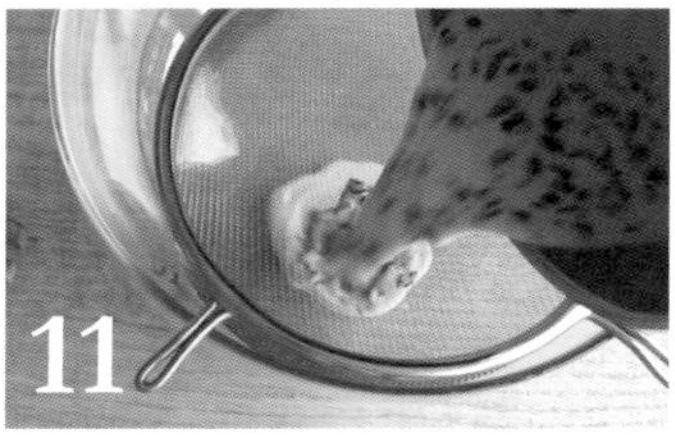

ボウルにこしながら移してコーヒー豆を取りのぞく。

11をもう一度鍋に戻してインスタントコーヒーを加え、弱火で沸騰直前まで温める。

容器にダークチョコレートとミルクチョコレートを入れて**12**を注ぎ、ブレンダーでよく混ぜてとかし合わせる。ブレンダーはホイッパーでも代用可能。

13が40℃まで冷めたら無塩バターを入れてブレンダーでなめらかになるまでよく混ぜる。

ホイッパーを使う場合は、なるべく空気が入らないようにすり混ぜるイメージでよく混ぜ、なめらかに乳化させる。

Step 4 { 仕上げる

15を30℃まで冷ます。

しぼり袋に**16**のコーヒーガナッシュを入れ、**8**のデコレーションした型の中に均等に流し入れる。

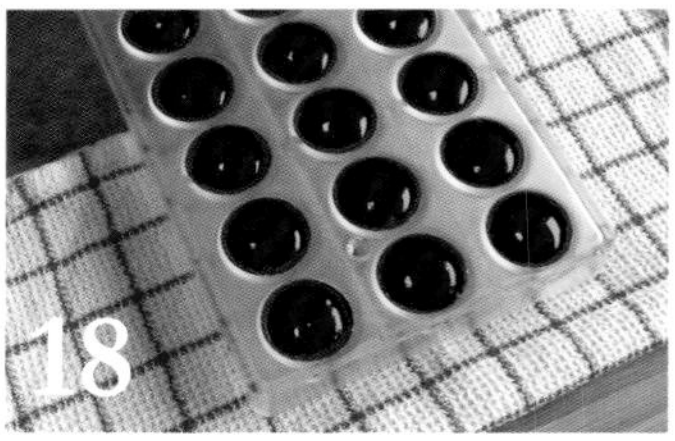

布巾などの上で数回型の底をたたいたら15～18℃前後の涼しい場所でガナッシュを約3時間固める。

7で落とし固めておいたチョコレートを細かくきざみ、もう一度テンパリングをとる。しぼり袋に入れ、ガナッシュの上にしぼる。

型の底を数回たたきつけてスパチュラやカードで平らにならしてふたをする。15～18℃前後の涼しい場所でしっかりと約10分固める。

型を逆さにして板に軽くたたき、ボンボンショコラを型から外して完成。

no.18_ *Lovely chocolate cake*

大切な人にあげたいガトーショコラ

生地もしっかりしているので持ち運びしやすく
手土産やプレゼントに最適なガトーショコラ。
手順さえ頭に入れてしまえば比較的簡単につくれます。
お好みでラップをして冷蔵庫で一晩寝かせると、
ずっしり感が増してよりおいしい！

1h 30min

材料《直径15cmの型1台分》

▌ガトーショコラ

- 薄力粉 — 35g
- ココアパウダー — 35g
- 無塩バター — 75g
- 生クリーム（35%） — 50g
- ダークチョコレート（カカオ50～60%） — 80g
- 卵黄 — 4個
- グラニュー糖ⓐ — 50g
- 卵白 — 80g（2個分）
- グラニュー糖ⓑ — 70g

▌デコレーション用

- フルーツやハーブ — 好きなだけ
- 生クリーム（35%） — お好みで
- 粉糖 — 適量

準備

▌オーブンシートを型に合わせて高さ6cmにカットし、敷きつめる。

▌オーブンを140℃に予熱しておく（工程4でスイッチを入れるとベスト）。

▌板チョコを使う場合は前もってきざんでおく。

1 薄力粉とココアパウダーをホイッパーでよく混ぜ、ダマをなくしておく。

▼

とかし終わったらレンジの中に入れておき、40℃に保温しておく。

2 無塩バター、生クリーム、ダークチョコレートを耐熱容器に入れる。500Wのレンジで約30秒温めてそのつど混ぜ、これを3回くり返す。

▼

3 卵黄にグラニュー糖ⓐを入れ、ハンドミキサーで白っぽくもったりとするまでよく混ぜる。

▼

グラニュー糖が多めなのでコシの強いメレンゲに。

4 卵白をハンドミキサーにかけながらグラニュー糖ⓑを7回にわけて入れ、ピンとツノが立つキメが整ったメレンゲにする。ここでオーブンを140℃に予熱する。

▼

5 3と4を合わせ、大きく円を描くように5回混ぜる。この時点で卵黄と卵白は混ざりきっていなくてOK。

▼

6 5に1をふるいにかけながら入れ、ボウルの底から円を描くように大きく混ぜる。気泡をつぶさないように混ぜすぎに注意。

▼

7 6の生地を40℃に保温しておいた2に2すくいほど入れてよく混ぜ合わせる。生地との相性がよくなり、戻したとき混ぜすぎを防いで気泡がつぶれにくくなる。

▼

8 7を6に戻して、大きく円を描くように15回ほど混ぜる。混ぜすぎ注意。

▼

9 8を型に流し入れ、140℃に予熱したオーブンで約1時間焼く。焼き上がったら冷ましておく。

▼

10 粉糖をふるったり、生クリームやフルーツなどで自由にデコレーションして完成。もちろんそのままでもおいしい！

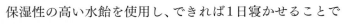

no.19_ *Rich chocolate cake*

濃厚チョコレートケーキ

ガトーショコラの生地をアレンジし、
こだわりの濃厚チョコクリームと合わせた自信の一品です。
保湿性の高い水飴を使用し、できれば1日寝かせることで
ざらつかずなめらかなチョコクリームに仕上がります。

1day 5h 15min

材料《直径15cmの型1台分》

III チョコレートクリーム

- 生クリーム（40%）ⓐ — 240g
- 水飴 — 70g
- ミルクチョコレート — 55g
- ダークチョコレート（カカオ50～60%）— 115g
- 生クリーム（40%）ⓑ — 215g

III チョコレートスポンジ

- 薄力粉 — 75g
- 無塩バター — 75g
- ダークチョコレート（カカオ50～60%）— 75g
- 卵黄 — 4個
- グラニュー糖ⓐ — 50g
- 卵白 — 80g（2個分）
- グラニュー糖ⓑ — 70g

III シロップ

- 水 — 40g
- グラニュー糖 — 40g
- ブランデー — 8g

III デコレーション用

- ココアパウダー — 適量
- 粉糖 — 適量
- 好きなフルーツ — 好きなだけ

準備

- オーブンを140℃に予熱しておく（スイッチのタイミングは105ページ参照）。
- 板チョコを使う場合は前もってきざんでおく。

Step 1 { チョコレートクリームを仕込む

鍋に生クリームⓐと水飴を入れて弱火にかけ、混ぜながら沸騰直前まで温める。

▼

容器にミルクチョコレートとダークチョコレートを入れて**1**を注ぎ、なめらかに混ざり合うまでブレンダーで混ぜる（ホイッパーやハンドミキサーなどでも代用可能）。

▼

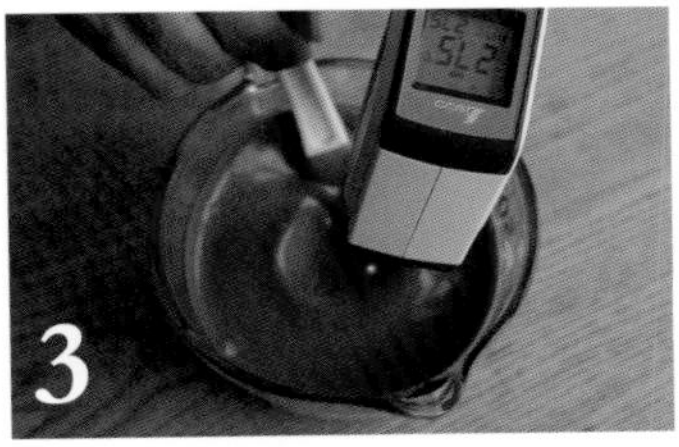

2が40℃まで冷めたら生クリームⓑを加えてよく混ぜる。混ぜ終わったとき、温度が28℃になっていれば理想的。

▼

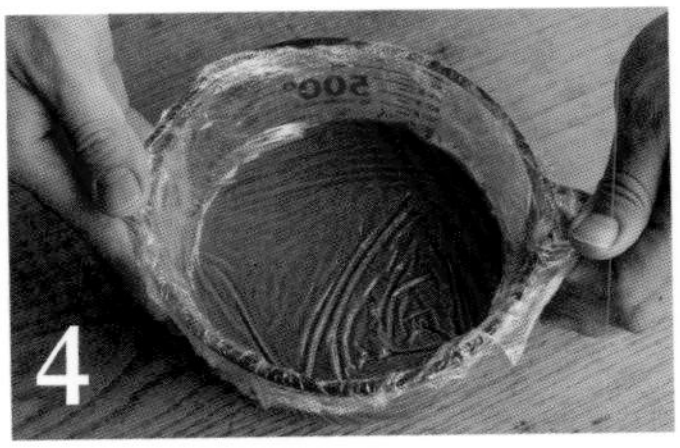

ラップを密着させてできれば約1日もしくは最低約4時間は冷蔵庫で休ませる。こうするとざらつかず口あたりなめらかなクリームになり、仕上げも美しく仕上がる。

Step 2 { チョコレートスポンジをつくる

105ページのガトーショコラと同じ手順でチョコレートスポンジを焼く（ただし、ここではココアパウダーと生クリームは使用せず、分量は107ページ通りにすること）。

▼

焼き上がって冷めたスポンジに竹串でガイドラインをつけ、均一な厚さにスライス。4枚にカットする。

> **チョコレートの温度管理**
> たまに「いくら冷やしてもサラサラのままで固まりません」というコメントをいただきますが、**3**の温度をきっちり守るとテンパリングがしっかり働き、きちんと固まります。さらに、後に使用する際、ハンドミキサーで混ぜる時間が少しで済むメリットも。

Step 3 { シロップを つくる

水とグラニュー糖を容器に入れ、グラニュー糖がとけきるまで500Wのレンジで約30秒温める。

▼

7にブランデーを入れてよく混ぜ、冷やしておく。

もっと香りを楽しむには
お酒の香りのみを楽しみたい方は、ブランデーを入れた後にもう一度加熱してください。お酒はどんな種類でもお好みで選んでください。もちろん、苦手な方は入れなくてもOKです。

Step 4 { スポンジと クリームを重ねる

仕込んでおいた*Step 1*のチョコレートクリームをツノが立つくらいハンドミキサーで混ぜ、しぼり袋に入れる。

▼

6の両面に**8**のシロップを打ち、その上に**9**をうずまき状にしぼる。うずまき状にしぼると均一な厚さでサンドできる。

▼

次のチョコレートスポンジにも両面にシロップを打って**10**の上に重ね、チョコレートクリームをしぼる。

▼

一番上のスポンジにも両面にシロップを打ち、サンドして平らになるよう形を整える。

▼

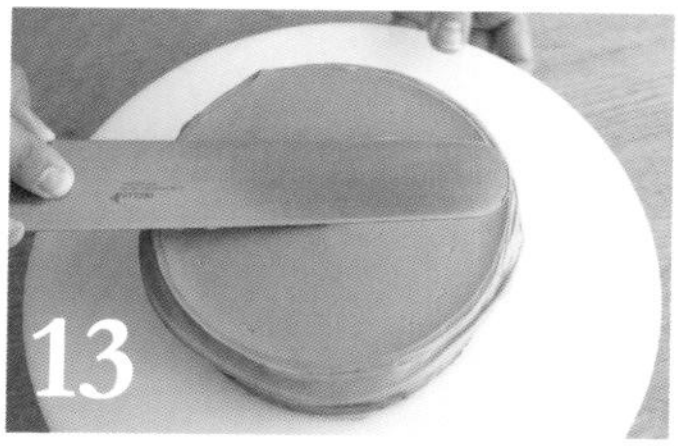

回転台（お皿でもOK）にケーキをのせ、まわしながらパレットで上部に均一にクリームをぬっていく。

▼

回転台（お皿）をまわしながら側面にもクリームを均一にぬる。最初は大まかにぬり、次にパレットを垂直に立てて薄くぬる。

▼

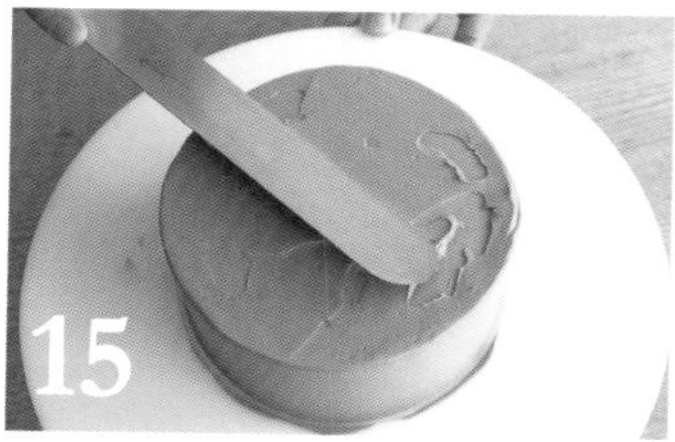

上部にはみ出たクリームを平らになるよう外側から内側へならす。

▼

底についた余分なクリームを取りのぞく。残ったクリームはデコレーションで使う。

▼

Step 5 { デコレーションする

*Step 4*で残ったチョコレートクリームをしぼり袋に入れ、自由にしぼってデコレーションする。ここでいったんケーキを約30分冷凍庫に入れ、クリームを締める。

▼

ケーキが冷えたら仕上げにココアパウダーや粉糖をかける。

▼

好きなフルーツなどをお好みでかざったら完成。

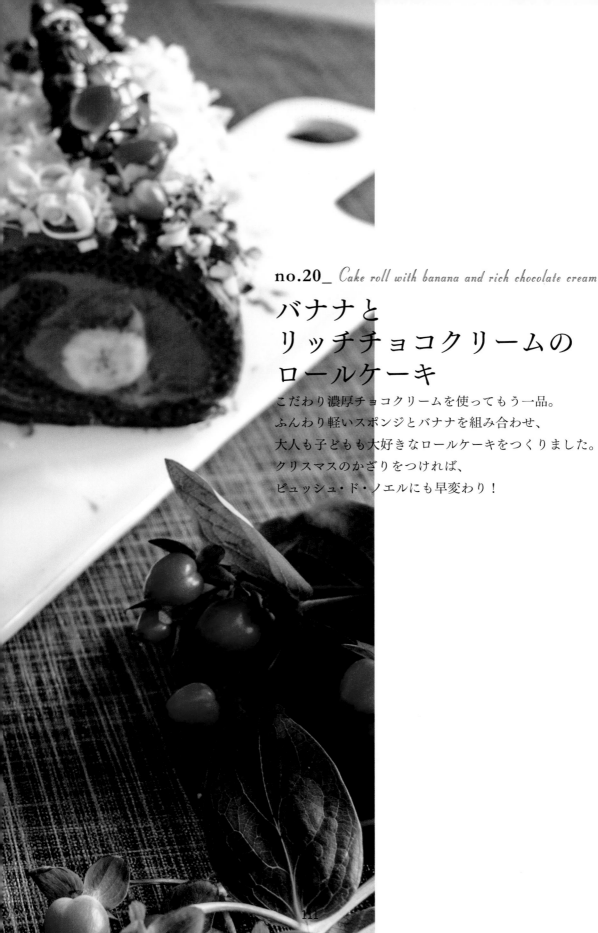

no.20_ *Cake roll with banana and rich chocolate cream*

バナナと
リッチチョコクリームの
ロールケーキ

こだわり濃厚チョコクリームを使ってもう一品。
ふんわり軽いスポンジとバナナを組み合わせ、
大人も子どもも大好きなロールケーキをつくりました。
クリスマスのかざりをつければ、
ビュッシュ・ド・ノエルにも早変わり！

1day 2h 15min

材料《30cmのロールケーキ1本分》

チョコレートクリーム

- 生クリーム(40%)ⓐ — 160g
- 水飴 — 50g
- ミルクチョコレート — 35g
- ダークチョコレート(カカオ50〜60%) — 80g
- 生クリーム(40%)ⓑ — 150g

チョコレートスポンジ(30×30cm)

- 薄力粉 — 50g
- ココアパウダー — 10g
- 卵 — 3個
- グラニュー糖 — 60g
- 水飴 — 12g
- 牛乳 — 30g
- サラダ油 — 10g

デコレーション用

- 中に入れるバナナ — 2本程度
- ホワイトチョコレート — 適量
- フルーツやチョコかざり — お好みで

準備

- 天板にオーブンシート(30×30cm)を敷き込んでおく[A]。
- 牛乳とサラダ油を同じ容器に入れ、常温に戻しておく。
- 約60℃のお湯を沸かしておく。
- オーブンを190℃に予熱しておく(工程4でスイッチを入れるとベスト)。

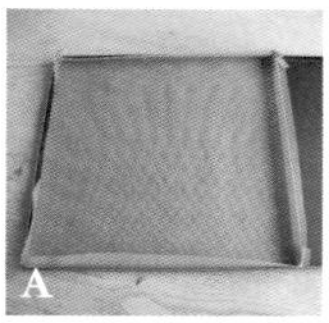

A

Step 1 { チョコレートクリームをつくる

1

107ページの濃厚チョコレートケーキのStep 1と同じ手順でチョコレートクリームをつくる。分量は少なめにしてあるが、手順は同じ。

Step 2 { チョコレートスポンジをつくる

2

薄力粉とココアパウダーをホイッパーでダマがなくなるようによく混ぜておく。

3

別のボウルに卵、グラニュー糖、水飴を入れ、約60℃のお湯で湯煎しながらホイッパーでよく混ぜて、40℃まで温める。

4

3を湯煎から外し、持ち上げたときに跡が3秒間消えない程度までハンドミキサーで泡立てる。ここでオーブンを190℃に予熱する。

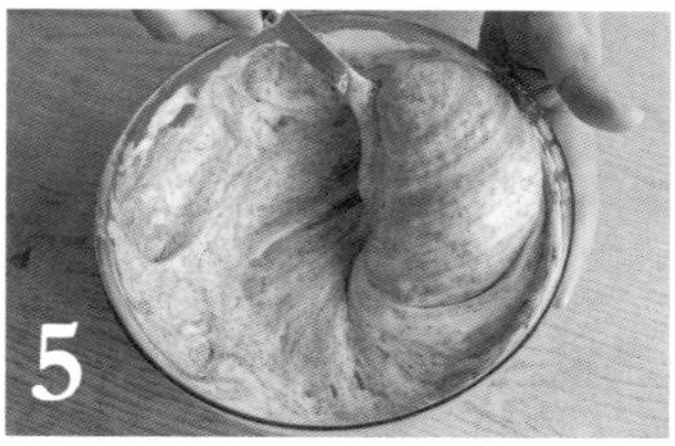

5

2をふるいにかけながら**4**に加え、ボウルの底から大きく円を描くように15回ほど混ぜる。

6

牛乳とサラダ油の入った容器に**5**の生地を2すくいほど入れてよく混ぜる。

7

6を**5**に戻し、ボウルの底から大きく円を描くようにさっくりと混ぜる。混ぜすぎに注意する。

8

オーブンシートを敷いた天板に生地を広げて平らにならす。

9

190℃に予熱しておいたオーブンで約10分焼き、焼き上がったら冷ましておく。

Step 3 { ロールケーキを巻く

Step 1のチョコレートクリームをハンドミキサーでしっかりとツノが立つまで混ぜる。

Step 2で焼いたチョコレートスポンジが完全に冷めたらオーブンシートをはがす。新しいオーブンシートにはがした面が上にくるようにおく。

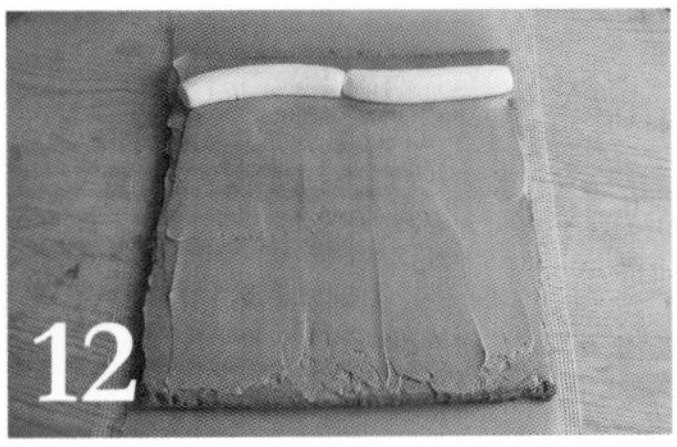

10のチョコレートクリームを生地にまんべんなくぬり、バナナを巻き始めの手前側に並べる。巻き終わり側の端1㎝はクリームをぬらないようにするときれいに巻ける。

めん棒にオーブンシートを巻きつけながら、バナナが芯になるようなイメージで締めながら巻いていく。

巻き始めたら途中で迷わず、一気に巻ききるのがポイント。

巻き終わりを下にして形を整えたら、冷蔵庫で約30分冷やして形を安定させる。

Step 4 { 仕上げる

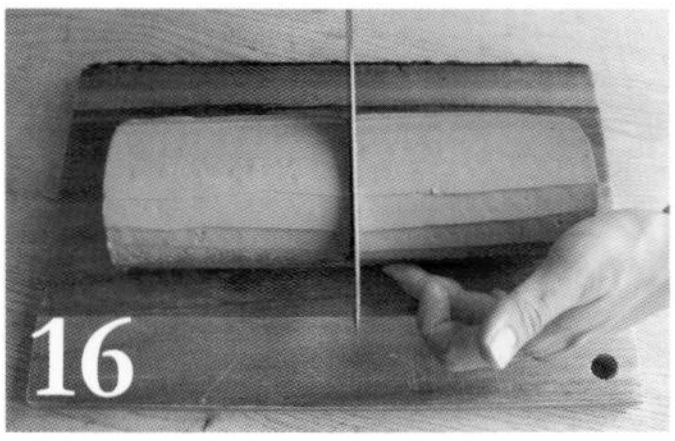

10のチョコレートクリームをロールケーキの上半分にぬり、両端をカット。お好みの長さにカットする（今回は2等分にしたが、1本丸々で仕上げてもOK）。

けずったホワイトチョコレートをふりかける。

お好きなフルーツやチョコかざりをかざって完成。

Column

Les sens cielのベルギー散歩　*vol.4*

チョコレート大国ベルギーが誇る〝チョコレートワールド〟

ベルギーといえば何をイメージしますか？ きっとベルギーワッフルと同じくらい、チョコレートと答える方が多いのではないでしょうか。本書でもたくさんのチョコレートを使ったレシピを紹介してきましたが、ベルギーはいわずと知れたチョコレート大国です。

ベルギーには、世界中のトップパティシエやショコラティエが愛してやまない「チョコレートワールド(Chocolate World)」というチョコレートの型を販売するお店があります。ここではボンボンショコラをつくる際に使用する型を販売しています。

ボンボンショコラをつくる製法は、エンロービング(チョココーティング)とモールディング(型)の2種類があります。エンロービングは、ガナッシュを仕込んで四角くカットしてから、まわりにチョコレートをコーティングする製法。型を使わないフランス発祥の製法です。

対してモールディングは中にやわらかいガナッシュやジュレを仕込むことができる製法。外のパリッとした食感と中からトロッと出てくるテクスチャーを表現することができるベルギー発祥の製法です。100ページで紹介した「コーヒーガナッシュのボンボンショコラ」もモールディングですね。

このベルギー発祥のモールディングで使用する型を世界一そろえているのがチョコレートワールドなのです。オリジナルの型を製造販売しており、「この型を使用すればツヤのある美しいボンボンショコラがつくれる！」とまさにショコラティエたちの憧れの場所。世界中からここの型を求めて、ショコラティエたちが集まるのです。

初めてチョコレートワールドを訪れたときは、その圧倒的な種類の豊富さと値段の安さに驚きました。実際にチョコレートワールドに所属するショコラティエたちが日々、型を研究しているので、使い勝手もよく、大変丈夫なつくりです。冗談抜きに一度ここの型を使うとほかの型は使えなくなります。

わずかですが、日本でも手に入れることができます。でも、種類も少なく値段はおそろしく高い！　日本で出まわっているものを買うのと、実際にベルギーに来て仕入れるのとではどちらがお得なんだろう…と思うほどです。ベルギーが世界に誇るチョコレートワールド、興味のある方はぜひチェックしてみてください。

Chocolate World
AN EDGE TO YOUR SMOOTHNESS!
COLLECTION 2020

Chapter 5

二度目もおいしいスイーツ
{ reuse }

材料を絶対にむだにしない——。
これは、パティシエとして仕事をするうえで
常に心がけていることです。
この章では、最後までおいしく使いきるための
裏技レシピをご紹介していきます。

no.21_ *Tart dough crumble*

そのまま食べてもおいしい

タルト生地のクランブル

そのまま食べても、タルト生地として使ってもOKのクランブル。
英語(crumble)では「細かくくだけたもの」という意味を持ち、
ドイツ語では「散らす、振りかける」という意味の
シュトロイゼル(streusel)と呼びます。
ベルギーでは後者で呼ぶことのほうが多いですが、
どちらの呼び名からもわかるように、
さっくりほろほろとくずれるようなお菓子です。
ザクザク感が高まるので、グラニュー糖の使用はマストです。

70 min

材料《38 × 45㎝の天板1枚分》
グラニュー糖 — 60g
アーモンドプードル — 60g
薄力粉 — 72g
塩 — 1.2g
無塩バター — 55g
（サイコロ状にカットし冷蔵庫でよく冷やす）
コーティング用チョコレート — 適量

準備
▍オーブンを160℃に予熱しておく（工程4の30分後にスイッチを入れるとベスト）。

グラニュー糖、アーモンドプードル、薄力粉、塩をフードプロセッサーに入れて全体が混ざり合うように約5秒まわす。

1に無塩バターを入れ、バターが小さな粒になり全体にパラパラとするまでフードプロセッサーをまわす。この時点ではまだパラパラとしていてOK。

板に2を取り出して手でひとまとまりにしていく。最初はパラパラとしていてまとまりづらいが、こねていくとバターがなじみ、生地がしっとりとまとまっていく。

3をラップにつつんでめん棒で均一に薄くのし、冷蔵庫で約30分休ませる。30分後、オーブンを160℃に予熱する。

打ち粉（分量外の薄力粉）をした板に4を取り出し、めん棒で厚さ約3㎜にのしていく。

好きな型で抜いたり、好きな大きさにカットしたりして天板の上に並べる（タルト生地の場合はここでタルト型に成形する）。今回は長方形にカット。

予熱したオーブンで約25分焼く。

焼き上がったら冷まして完成。

もちろん、そのままでもおいしいが、チョコレートでコーティングするなど自由にトッピングしてもOK。

no.22_ *Fruit puree*

残ったフルーツで楽しむ

フルーツピューレ

フルーツがあまったらぜひつくっていただきたいピューレ。
ヨーグルトにかけたり、スムージーやムースケーキにしたりなど
その活躍シーンは多岐にわたります。
チェリーやマンゴー、リンゴ、洋梨などでつくるのもおすすめです。
あえて果肉感を残したり、種をこさずにつぶつぶ感を楽しんだりなど
お好みのアレンジを加えてみましょう。
保存期間の目安は冷蔵庫で約5日、冷凍庫で約3カ月です。

1h

材料

フルーツ — 好きなだけ
（今回はいちごやベリー系）

グラニュー糖 — フルーツの量の約2割
（たとえばフルーツ100gの場合グラニュー糖は20g）

レモン汁 — お好みで
（今回は½個使用）

デコレーションケーキなどであまってしまったフルーツをよく洗い、ヘタなどの余分な部分は取りのぞく。

▼

鍋にフルーツとグラニュー糖、レモン汁を入れて弱火にかけ、ときどき混ぜながらひと煮立ちさせる。

▼

2がふつふつとしてきたら火を止めて容器に移し、ブレンダーやミキサーなどでよく攪拌し、なめらかにする。

▼

フルーツの種が気になる場合は**3**をこし、なめらかにする。

▼

保存容器に入れて、ラップを密着させ、粗熱が取れたら冷蔵庫または冷凍庫で保存する。

ヨーグルトにかけたり、バナナや牛乳、ヨーグルトと一緒にスムージーにもできる。冷凍庫に入れておけば思い立ったとき、すぐにムースケーキもつくれるのでおすすめ。

no.23_ *Caramel sauce / Rich pudding*

あまりの生クリームでつくる

キャラメルソース／濃厚こだわりプリン

放置していると脂肪と水分がどんどん分離していく生クリーム。
そうなる前に万能キャラメルソースに変身させちゃいましょう！
パンケーキやプリン、フレンチトーストと相性抜群なのはもちろん、
濃厚こだわりプリンにかければ絶品デザートに。
保存期間の目安は、冷蔵庫で約2週間です。

45min

材料

キャラメルソース

残った生クリーム — 適量
（液体のものでも立てたものでもOK）
グラニュー糖
— 生クリームの重さの約7割
（たとえば生クリーム100gの場合
グラニュー糖は70g）

1day 2h 20min

濃厚こだわりプリン

（100g×約6個分）

- ⓐ 牛乳 — 260g
- ⓐ 生クリーム（35%）— 70g
- ⓐ グラニュー糖 — 90g
- ⓐ バニラビーンズ — 1/4本
- ⓑ 卵 — 3個
- ⓑ 卵黄 — 4個分

準備

オーブンを130℃に予熱しておく（工程7でスイッチを入れるとベスト）。

生クリームが冷たいと、加えたときに飛び散る可能性があるので注意。

［キャラメルソースをつくる］
鍋を弱火にかけてグラニュー糖を少し入れ、透明になるまでさわらずに待つ。

とけたらグラニュー糖を加える作業をくり返す。ある程度とけてきたら木ベラでときどき混ぜる。混ぜすぎるとダマになるのでなるべくさわらずにキャラメル色にする。

木ベラについたキャラメルは小まめにはがすと後片づけが楽になる。この作業中に500Wのレンジで約20～30秒様子を見ながら生クリームを温めておく。

すべてのグラニュー糖を加え、キャラメル色になったら火を止める。軽く湯気が立つくらい温めた生クリームを5回ほどにわけながら少しずつ加え、そのつどよく混ぜる。

一気に加えてしまうと、高温のキャラメルが噴き上がってきて危ないので、少しずつ加える。

容器に移して粗熱が取れたら、キャラメルソースの完成。

［プリンをつくる］
鍋にⓐを入れて弱火にかけ、沸騰直前まで温める。これをよく溶いたⓑの中に混ぜながら注ぐ。ここでオーブンを130℃に予熱する。

7をこして、プリンカップに均等に注ぎ、耐熱容器に並べる。アルミホイルでひとつずつふたをする。

約60℃のお湯をプリン液と同じ高さまで注ぎ、130℃のオーブンで約50分湯煎焼きにする。

焼き上がったらアルミホイルを取る。粗熱を取り、冷蔵庫で約1日しっかり冷やす。お好みで6のキャラメルソースをかける。

no.24_ *Chocolate on peel*

皮もむだにしない

チョコがけピール

柑橘系の皮があまったら冷凍保存しておき、ピールをよくつくります。
オレンジの皮はさわやかでチョコがけとの相性がよく、
グレープフルーツの皮は香り高く肉厚なピールに。
リンゴの皮などでも応用可能です。
ピールをきざんでマフィンやパウンドケーキに練り込んだり、
チョコクランチ（41ページ参照）に混ぜたりすると
香り高さをより楽しむことができます。

2 day 3 h 50 min

材料

柑橘系の皮
（オレンジやグレープフルーツなど）— 200g
水 — 200g（柑橘系の皮と水は同量）
グラニュー糖 — 360g
（グラニュー糖は皮と水の1.8倍）
ダークチョコレート — 適量
（約300gだとテンパリングがとりやすい）

鍋に皮がかぶるくらいの水（分量外）を入れて火にかけ、皮を湯がく。エグみが取れてさわやかな味になる。

強火で沸騰させる。グツグツに煮立ったら火からおろして湯切りする。この作業を2〜3回くり返すとより苦みのないピールをつくることができる。

皮の白い部分はほどよい厚みを残して切り落とす。

スティック上に整えてカットしていく。

切り落とした皮の切れ端も別の鍋でピールにしておくと、パウンドケーキやチョコレートに混ぜ込むなど活用の幅が広がる。

鍋に皮と水、グラニュー糖を入れて弱火にかけ、約2時間コトコトと煮る。

砂糖が煮つまり、皮が琥珀色に透き通ったら火からおろす。

1本ずつ網の上に取り出し、風通しのいいところ（室内で涼しく湿気のなるべくない場所）に約2日おき、砂糖を結晶化させる。

テンパリング（やり方は98ページ参照）をとったチョコレートをつけ、コーティングして完成。

no.25_ *Matcha Financier*

卵白を消費できる

抹茶フィナンシェ

卵黄だけを使い、あまりがちな卵白。
そんなときは冷蔵庫や冷凍庫に眠った卵白を
おいしいフィナンシェに変身させちゃいましょう。
ちなみに、僕はいつも使わない卵白を保存容器に入れて冷凍し、
さらに卵白をのせて冷凍する…をくり返しています。
使うときは半解凍させておいてからスプーンでガリガリとこそぎ、
別の容器に入れて冷蔵庫で解凍します。

4h

材料《直径7.5㎝の
ドーナツ型シリコン6個分》
無塩バター — 110g
卵白 — 130g
グラニュー糖 — 130g
アーモンドプードル — 50g
薄力粉 — 50g
ベーキングパウダー — 2.5g
抹茶 — 4g

準備

- オーブンを170℃に予熱しておく（工程9に入る5分前にスイッチを入れるとベスト）。
- シリコン型に薄くサラダ油（分量外）をぬっておくと取り外しやすい。

無塩バターを薄く切って鍋に入れ、弱火から中火にかける。まわりがこげてきつね色になったら火から外し、鍋底を水につけてこれ以上こげないように温度を下げる。

網でこし、余計なこげを取る。常温で冷ましておく。

卵白をフードプロセッサーに入れて低速でまわし、卵白のコシを取る（フードプロセッサーがない場合はホイッパーでOK）。

フードプロセッサーを使うと、手で混ぜるよりも気泡を入れずにコシを切ることができておすすめ。フィナンシェづくりのコツはなるべくコシのない（元気のない）卵白を使うことなのであまった卵白を冷蔵庫で3日くらい保管してから使うときれいに焼き上がります（わざとコシをなくす）。

グラニュー糖を加えてさらに様子を見ながらまわす。

アーモンドプードルを加え、さらに薄力粉、ベーキングパウダー、抹茶をふるいにかけながら入れる。

全体が混ざるようにフードプロセッサーをかける。

2のこがしバターの温度が35℃まで下がったら**6**に加え、さらにフードプロセッサーでまわす。

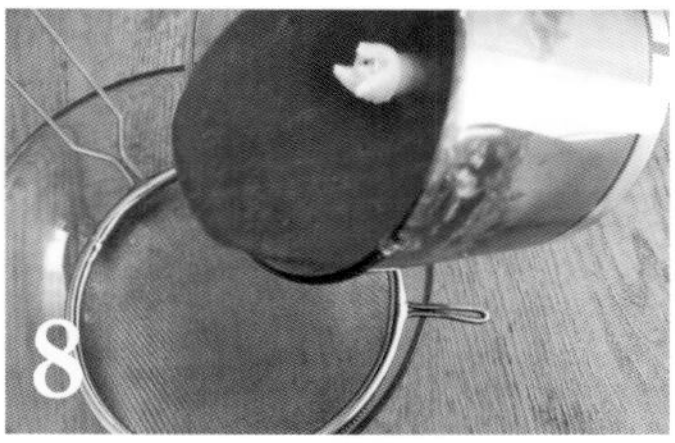

こして生地のキメを整える。ラップを密着させ2〜3時間生地を休ませる（冬場は室温、夏場は冷蔵庫へ）。工程**9**に入る5分前にオーブンを170℃に予熱する。

冷蔵庫で休ませた場合は生地が固くなるので型に流す30分前には室温に戻しておく。生地を型に流し込み、170℃のオーブンで約22分焼く。

レソンシエル

ベルギー在住のパティシエ、ショコラティエ。フレンチの料理人である父の影響でパティシエに。日本の洋菓子店で数店舗修業ののち、チョコレートの本場ベルギーへ。ショコラティエになる。2015年、ベルギーにて若手パティシエの登竜門コンクールで優勝、2019年、チョコレートの世界大会「ワールドチョコレートアワードファイナル」でシルバーを受賞。2018年、レシピや旅の動画をYouTubeに投稿開始。美しい動画や優雅なBGMに癒されるとフォロワーの評価が高い。

Twitter　@Lessensciel2
Instagram　@ lessensciel.recette

ベルギーパティシエがていねいに教える
とっておきのごほうびスイーツ

2020年12月 9 日　初版発行
2023年12月25日　5版発行

著　者　レソンシエル
発行者　山下直久
発　行　株式会社KADOKAWA
〒102-8177 東京都千代田区富士見2-13-3
TEL 0570-002-301（ナビダイヤル）
印刷所　大日本印刷株式会社

ISBN 978-4-04-605024-3　C0077